SCHÄFFER
POESCHEL

Peter Albrecht / Christoph Mayer

Finanzmathematik für Wirtschaftswissenschaftler

Grundlagen, Anwendungsbeispiele, Fallstudien, Aufgaben und Lösungen

unter Mitarbeit von Simon Hilpert und Frank Schilbach

2007
Schäffer-Poeschel Verlag Stuttgart

Autoren

Prof. Dr. Peter Albrecht und Dipl.-Kfm. Christoph Mayer, Lehrstuhl für ABWL, Risikotheorie, Portfolio Management und Versicherungswirtschaft, Universität Mannheim

Bibliografische Information Der Deutschen Nationalbibliothek

Die Deutsche Nationalbibliothek verzeichnet diese Publikation in der Deutschen Nationalbibliografie; detaillierte bibliografische Daten sind im Internet über http://dnb.d-nb.de abrufbar.

Gedruckt auf chlorfrei gebleichtem, säurefreiem und alterungsbeständigem Papier

ISBN 978-3-7910-2659-6

© 2007 Schäffer-Poeschel Verlag für Wirtschaft · Steuern · Recht GmbH
www.schaeffer-poeschel.de
info@schaeffer-poeschel.de
Einbandgestaltung: Willy Löffelhardt
Satz: Johanna Boy, Brennberg
Druck und Bindung: Kösel Krugzell · www.koeselbuch.de
Printed in Germany
Juli 2007

Schäffer-Poeschel Verlag Stuttgart
Ein Tochterunternehmen der Verlagsgruppe Handelsblatt

Vorwort

Finanzmathematische Fragestellungen und Zusammenhänge durchziehen nicht nur die wirtschaftswissenschaftliche Praxis, sondern auch den privaten Alltag. Die Verzinsung von Sparkonten, Formen der Vermögensanlage, der Ratenkauf, die Automobilfinanzierung, generell die Aufnahme und Tilgung von Darlehen und Krediten sowie die Verrentung von Kapital sind nur einige Beispiele hierfür.

Aufgrund dieser besonderen Relevanz finanzmathematischer Grundlagen wurde im Rahmen der neuen wirtschaftswissenschaftlichen Bachelorstudiengänge der Universität Mannheim eine eigenständige Veranstaltung in Finanzmathematik konzipiert, die diese Grundlagen vermittelt. Das vorliegende Lehrbuch dokumentiert die Inhalte dieser Veranstaltung, arrondiert um einige weitere Lehrinhalte. Neben der theoretischen Fundierung finanzmathematischer Sachverhalte wurde besonderes Augenmerk auf die Praxisbezogenheit und Alltagsrelevanz des vermittelten Stoffs gelegt. Hierzu wurden für jeden theoretischen Sachverhalt Anwendungsbeispiele entwickelt, die in Form von Aufgaben (mit zugehörigen Lösungsskizzen) und auch Fallstudien weitergeführt werden.

Gemäß dem einführenden Charakter der Veranstaltung war eine Beschränkung des Stoffs unumgänglich. Zum einen wird der Schwerpunkt auf Finanzinvestitionen (Investments) gelegt, Sachinvestitionen hingegen werden nur gestreift, da diese üblicherweise ausführlich in Veranstaltungen zu »Investition und Finanzierung« behandelt werden. Zum anderen beschränken wir uns auf den Fall der Sicherheit, d.h. es wird stets von sicheren Zahlungsgrößen und ebenso von sicheren Verzinsungshöhen ausgegangen.

Zur Verbesserung der Interaktion mit unseren Lesern werden wir auf der Internetseite **www.finanzmathematik-buch.de** eine Rubrik »Korrekturen« einrichten, auf der wir dann zeitnah uns bekannt gewordene Druckfehler (die trotz allem Bemühen eine offenbar unausrottbare Spezies darstellen) einstellen werden. Unsere geneigten Leser bitten wir herzlich, uns per Mail (aber auch auf jedem anderen Wege) an **risk@bwl.uni-mannheim.de** über entsprechende Druckfehler zu informieren.

Bei der Vorbereitung und Ausarbeitung des vorliegenden Lehrbuchs haben wir vielfältige Unterstützung erfahren dürfen, wofür wir zu herzlichem Dank verpflichtet sind. Hervorzuheben sind hier insbesondere die Herren cand. rer. oec. Simon Hilpert und cand. rer. oec. Frank Schilbach, die eine Vielzahl von Aufgaben und Lösungen konzipiert haben, die in das vorliegende Lehrbuch aufgenommen wurden. Besondere Verdienste bei der Entwicklung und Optimierung der Veranstaltung in Finanzmathematik haben sich auch Frau cand. rer.oec. Julia Hämmerle und Frau cand. rer. oec. Juliane Moldenhauer erworben, unser großer Dank gilt des Weiteren Herrn cand. rer. oec. Maxim Beizerov, Herrn stud. rer. oec. Samir Irzayev, Herrn cand. rer. oec. Sören Jensen, Herrn cand. rer. oec. Christopher Kanitz, Frau stud. rer. oec. Anna Knaub sowie Frau cand. rer. oec. Dianne Rauschenbusch. Schließlich bedanken wir uns bei zahlreichen Teilnehmern dieser Veranstaltung für vielfältige Anregungen.

Besonderer Dank gebührt des Weiteren unserem Sekretariat, geleitet von Frau Traudel Walther, für den stets bewährten und nie nachlassenden Einsatz. Herrn Katzenmayer vom Schäffer-Poeschel Verlag schulden wir großen Dank für die aufmerksame und engagierte Begleitung dieses Buchprojekts.

Last but not least at all, dankt PA seiner Ehefrau Maja Sommer und seiner Tochter Sarah Anthea Albrecht für vielfältige außerfachliche Anregungen und vor allem für ihre Zuwendung. CM dankt seinen Eltern für ihren liebevollen Rückhalt und ihre uneingeschränkte Unterstützung.

Mannheim, im Mai 2007   *Peter Albrecht / Christoph Mayer*

Inhaltsverzeichnis

1 Grundlagen

Anwendungsfeldes

1.1 Einführung: Zentrale Problemstellungen

Zentrale Zielsetzung der Finanzmathematik ist die Analyse von Zahlungsströmen. Zentraler Inhalt der Finanzmathematik sind demgemäß quantitative Methoden, die eine Analyse von Zahlungsströmen ermöglichen. In einem ersten Schritt sind daher die betrachteten Zahlungsströme zu spezifizieren (*Zahlungsstrommodell*).

Zielsetzung und Inhalt

Zahlungsströme werden ausgelöst durch wirtschaftliche Handlungen, beispielsweise Investitionen. Hinsichtlich der wirtschaftlichen Anwendungen befassen wir uns im vorliegenden Text dabei primär mit Finanzinvestitionen (auch: Investments, Kapitalanlagen), beispielsweise dem Erwerb eines Zinstitels oder einer Aktie. Sachinvestitionen, beispielsweise die Anschaffung einer Maschine, werden hingegen nur gestreift. Ihre Behandlung ist Gegenstand der Investitionsrechnung.

Anwendungsfelder

Hinsichtlich der Analyse von Zahlungsströmen stehen dabei vor allem zwei zentrale Problemstellungen im Vordergrund.

zentrale Problemstellungen

Problemstellung I: Bewertung
Man bestimme den Wert eines gegebenen Zahlungsstroms.

Bewertung

Die zentrale Problematik besteht hier darin, dass die Zahlungen zu verschiedenen Zeitpunkten erfolgen, d.h. nicht direkt vergleichbar sind. Zentraler Schlüssel zur Bewertung ist dabei die Verwendung eines *Zinsmodells*.

Fragestellungs möglichkeiten

Problemstellung II: Renditebestimmung
Man bestimme die Rendite eines zu einem bestimmten Wert erworbenen Zahlungsstroms.

Renditebestimmung

Die zentrale Problematik besteht dann in der Notwendigkeit einer Annahme über die Anlage der erfolgten Zahlungen (beispielsweise Dividenden, Mieten) bis zum Ende des betrachteten Zeithorizonts (*Wiederanlageprämisse*).

Daneben befassen wir uns mit weiteren Problemkreisen, wie etwa der Renten- und Tilgungsrechnung.

1.2   Zahlungsstrommodelle

Wie in Abschnitt 1.1 ausgeführt, ist es in einem ersten Schritt erforderlich, Modelle zur Quantifizierung von Zahlungsströmen zu entwickeln. Im vorliegenden Lehrtext befassen wir uns dabei ausschließlich mit Folgen von Zahlungen. Zu spezifizieren ist zunächst, zu welchen Zeitpunkten die Zahlungen erfolgen. Im einfachsten Fall (*Basis-Zahlungsstrommodell*) sind dies die Zeitpunkte

Basis-Zahlungsstrommodell

$$\{0, \ 1, \ 2, \ \dots, \ T\}.$$

Die Zahlungszeitpunkte sind in diesem Zeitmodell äquidistant, d.h. die Perioden zwischen den Zeitpunkten besitzen alle eine identische Länge. Standardbeispiele für im Weiteren betrachtete Perioden sind Monate und Jahre. Der Zeitpunkt 0 entspricht dabei typischerweise dem Zeitpunkt der Anlage oder dem Beginn der Planungsperiode (beispielsweise dem aktuellen Zeitpunkt, kurz: heute).

Ein- und Auszahlungen

Die Zahlungen sind dabei entweder

- Einzahlungen $ez_t \geq 0$ (Zahlungen mit positivem Vorzeichen) zum Zeitpunkt t

oder

- Auszahlungen $az_t \geq 0$ (Zahlungen mit negativem Vorzeichen) zum Zeitpunkt t

oder

- Salden $ez_t - az_t$ von Ein- und Auszahlungen.

In der Regel unterscheiden wir in der allgemeinen Notation nicht zwischen Ein- und Auszahlungen oder Salden von Ein- und Auszahlungen und notieren mit z_t die Zahlung zum Zeitpunkt t.

Vor- und nachschüssige Zahlungen

Zu unterscheiden sind bei Betrachtung der Zeitmenge $\{0, \ 1, \ \dots, \ T\}$

- *Vorschüssige Zahlungen:* Es erfolgen Zahlungen $z_0, z_1, \dots, z_{T-1}$ jeweils zu Beginn der Perioden 1, ..., T
- *Nachschüssige Zahlungen:* Es erfolgen Zahlungen $z_1, \dots, z_T$ jeweils am Ende der Perioden 1, ..., T.

Abbildung 1.1 illustriert das vorstehend zugrunde liegende Zeit- und Periodenmodell im Falle vor- wie nachschüssiger Zahlungen.

Standardfälle

   Ob eine Zahlung vor- oder nachschüssig ist, ergibt sich aus dem jeweiligen Problemkontext. Wenden wir uns einigen typischen Fällen zu.

   Fall 1 beinhaltet den Zahlungsstrom $\{ez_1, \dots, ez_T\}$, die entsprechende Investition ist durch nachschüssige positive Rückflüsse gekennzeichnet. Aber auch entsprechende vorschüssige Rückflüsse sind denkbar, etwa die in Abschnitt 2.1 behandelten vorschüssigen Rentenzahlungen.

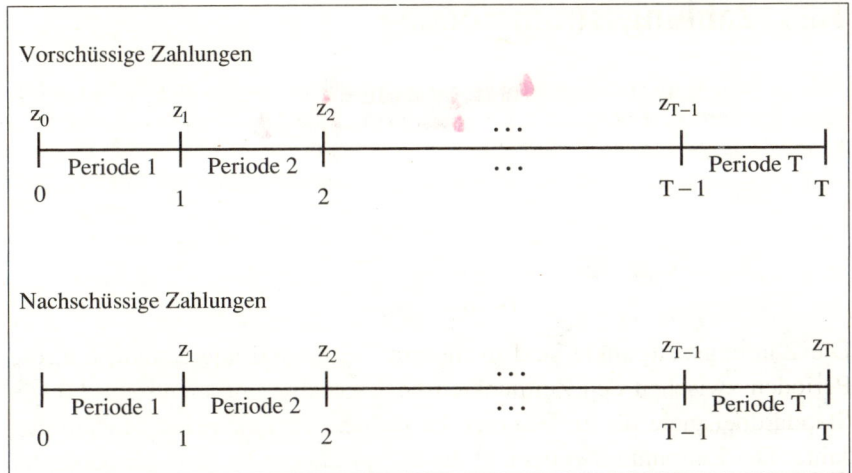

Abb. 1.1: Diskretes Zeit- und Periodenmodell

Fall 2 beinhaltet den Zahlungsstrom $\{-az_0, ez_1, \ldots, ez_T\}$. Zur Durchführung der Investition (bzw. zum Erwerb des Zahlungsstroms $\{ez_1, \ldots, ez_t\}$) ist eine (vorschüssige) Anfangsauszahlung notwendig. Dieser folgen dann nur noch Einzahlungen. Der Fall 2 entsteht aus dem Fall 1, indem man diesen um die anfängliche Investitionsauszahlung bzw. um den anfänglichen Preis der Investition ergänzt.

Eine leichte Verallgemeinerung von Fall 2 stellt der Zahlungsstrom $\{-az_0, z_1, \ldots, z_T\}$ dar, hier wird die vorschüssige Anfangsauszahlung gefolgt von nachschüssigen Zahlungssalden. Ein zentraler Fall hierbei ist das Vorliegen ausschließlich positiver Zahlungssalden, d.h. $z_t > 0$ für t = 1, ... , T. Wir sprechen in diesem Fall von einer *Standardinvestition* bzw. im Hauptanwendungsfall von einem *Standardinvestment*.

Abschließend bleibt anzumerken, dass alle vorstehenden Zahlungsströme unter den allgemeinen Zahlungsstrom $\{z_0, z_1, \ldots, z_T\}$ subsumierbar sind, wenn man als Spezialfall $z_0 = 0$ zulässt.

Eine weitere Konsequenz des diskreten Zeit- und Periodenmodells in Abbildung 1.1 ist es, dass keine unterperiodigen Zahlungen erfolgen. Liegen im Anwendungsfall unterperiodige Zahlungen vor, so muss – zumindest bei Verwendung dieses Zeit- und Periodenmodells – eine Vereinbarung darüber getroffen werden, ob eine solche Zahlung dem Periodenanfang oder dem Periodenende zugeordnet wird.

Wir kommen damit zu einer Reihe von Beispielen, die den vorstehend dargestellten Basisfall illustrieren sollen.

Bankkredit

Beispiel 1.1: Bankkredit

In t = 0 werde ein Kredit von EUR 100 000 bei einer Bank aufgenommen und nach 5 Jahren zu einem Betrag von EUR 133 822.56 (inklusive aufgelaufener Kreditzinsen) endfällig getilgt.

Der resultierende Zahlungsstrom aus Sicht des Kreditgebers (Bank) lautet:

$$Z = \{-100\,000, 0, 0, 0, 0, 133\,822.56\}.$$

In Termen des Basis-Zahlungsstrommodells gilt somit

$$z_0 = -100\,000, z_1 = \ldots = z_4 = 0, z_5 = 133\,822.56.$$

Im Rahmen der vorstehend eingeführten Notation liegt aus Sicht der Bank somit ein Standardinvestment vor.

Der resultierende Zahlungsstrom aus Sicht des Kreditnehmers ist entsprechend

$$Z = \{100\,000, 0, 0, 0, 0, -133\,822.56\}.$$

In Termen des Basis-Zahlungsstrommodells gilt also

$$z_0 = 100\,000, z_1 = \ldots = z_4 = 0, z_5 = -133\,822.56.$$

Wir benutzen die Ergebnisse des Beispiels 1.1 schließlich noch, um ein Beispiel zur Illustration eines Zahlungsstroms gemäß Abbildung 1.1 zu geben. Unterstellt wird dabei die Sicht des Kreditnehmers, illustriert wird der zugehörige Zahlungsstrom in Abbildung 1.2.

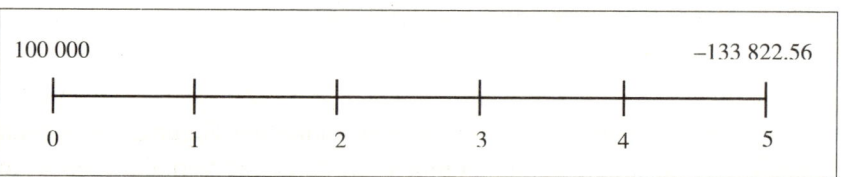

Abb. 1.2: Illustration Bankkredit (Sicht Kreditnehmer)

Festzinstitel, Bond

Ein Festzinstitel (in Abhängigkeit von der empirischen Ausgestaltungsform auch: Schuldverschreibung, Obligation, Anleihe, Bond, Rententitel) ist im Standardfall (Standardbond, Straight Bond) gekennzeichnet durch eine feste Laufzeit, jährlich nachschüssige Zinszahlungen (Kupon) in fester Höhe über die gesamte Laufzeit sowie einer Rückzahlung des Kreditbetrags (Nennwert) am Ende der Laufzeit (endfällige Tilgung).

Beispiel 1.2: Festzinstitel

zu pari → zu einem preis in Höhe des Nennwerts

In t = 0 wird ein Festzinstitel mit einer Laufzeit von 3 Jahren und mit einem Umfang (Nennwert) von 50 000 € erworben. Der Zinstitel werfe einen jährlich nachschüssigen Zins in Höhe von 5 % des Nennwerts ab und werde endfällig getilgt.

Zahlungsstrom aus Sicht des Emittenten des Zinstitels:

$$Z = \{50\,000, -2\,500, -2\,500, -52\,500\}.$$

Zahlungsstrom aus Sicht des Anlegers (Investor) in den Zinstitel:

$$Z = \{-50\,000, 2\,500, 2\,500, 52\,500\}.$$

Aus Sicht des Anlegers in den Zinstitel liegt somit ein Standardinvestment vor.

Der Zahlungsstrom des Beispiels 1.2 lässt sich aus Sicht des Anlegers wie in Abbildung 1.3 dargestellt illustrieren.

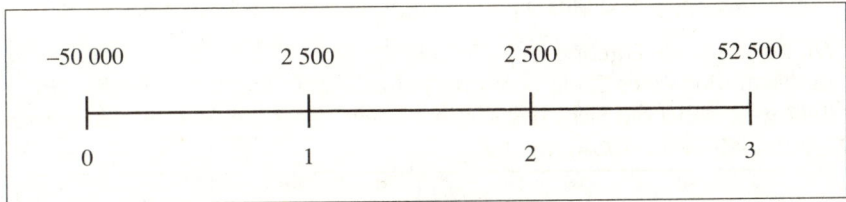

Abb. 1.3: Illustration Festzinstitel (Sicht Anleger)

Bond = Festzinstitel

Eine *Nullkuponanleihe* bzw. ein *Zerobond* ist ein Zinstitel, bei dem keine Zinszahlungen erfolgen, sondern nur eine endfällige Tilgung. Die wegfallenden Zinszahlungen werden kompensiert durch die Vornahme eines Abschlags (Diskont) auf den vom Investor bei Kauf zu entrichtenden Preis.

Nullkuponanleihe, Zerobond

} *wichtig*

Beispiel 1.3: Nullkuponanleihe

In t = 0 werde die Nullkuponanleihe zu EUR 79 209.37 erworben und in t = 4 zu EUR 100 000 getilgt.

Resultierender Zahlungsstrom aus Sicht des Investors:

Nennwert = 100.000

$$Z = \{-79\,209.37, 0, 0, 0, 100\,000\}.$$

Auch in diesem Fall liegt ein Standardinvestment vor.

verallgemeinertes Zahlungsstrommodell

Wenden wir uns damit einem *verallgemeinerten Zahlungsstrommodell* zu. Im Rahmen des zugrunde liegenden Zeitmodells wird dabei die Äquidistanz der Zahlungen aufgegeben. Wir gehen dazu allgemein aus von Zahlungszeitpunkten der Form $0 = t_0 < t_1 < ... < t_n = T$. Dieser Ansatz erlaubt insbesondere die Erfassung von »unterperiodigen« (z.B.: unterjährigen) Zahlungen. Zum Zeitpunkt t_i ($i = 0, 1, ..., n$) erfolgt nun eine Zahlung der Höhe $z(t_i)$, d.h., der verallgemeinerte Zahlungsstrom hat die generelle Form:

$$Z = \{ z(t_0), z(t_1), ..., z(t_n) \}.$$

Geht man, wie in praxi üblich, von Jahren als Standardperioden aus, so stellt sich bei unterjährigen Zahlungen die Frage nach der Erfassung von Teilperioden. Man spricht von *Tagzählungsmethoden* (*Day Count*) oder auch von *Zinskonventionen*. Dabei ist sowohl die Anzahl B der Tage eines Jahres festzulegen (Standardbeispiele: B = 365, B = 360) als auch die Anzahl A der Tage der Teilperiode. Man spricht dann von einer Tagzählungsmethode nach der Konvention A / B. Beispiele hierfür sind die Konventionen echt/echt bzw. actual/actual oder 30/360 oder echt/365. Echt (actual) bedeutet hierbei die taggenaue Bestimmung der Zinstage. Die Konvention 30/360 bedeutet, dass volle Monate zu 30 Zinstagen und das Jahr zu 12 Monaten (360 Tage) angesetzt werden (auch: kaufmännische Konvention). Eine exakte formelmäßige Darstellung der 30/360-Konvention befindet sich in Anhang 1A. Die 30/360-Konvention beinhaltet insbesondere die Vereinbarung, dass bei Monaten mit 31 Tagen der 31. Tag kein Zinstag ist.

Zinskonventionen

Bei allen Konventionen gilt grundsätzlich, dass der erste Tag mitgezählt wird, der letzte jedoch nicht (Anzahl der verstrichenen Tage).

Day Count

Beispiel 1.4: Day Count

Die Konvention sei echt/echt. Zwischen dem 27.02.07 und dem 10.04.07 liegen 2 + 31 + 9 = 42 Tage. Das Jahr 2007 hat 365 Tage und somit umfasst der Zeitraum 42/365 = 0.11507 Jahre.

Im Falle der Konvention 30/360 liegen hingegen zwischen dem 27.02.07 und dem 10.04.07 4 + 30 + 9 = 43 Tage, das Jahr wird zu 360 Tagen angesetzt und damit umfasst der Zeitraum 43/360 = 0.11944 Jahre.

Beisspiel 1.5: Zinstitel

Der Festzinstitel aus Beispiel 1.2 werde nicht bei Emission erworben, sondern erst nach 3 Monaten und zwar zu einem Preis von 50 600 €, die Konvention sei 30/360.

Zeitmodell: $t_0 = 0.25$, $t_1 = 1$, $t_2 = 2$, $t_3 = 3$.

Zahlungsstrommodell: $z(t_0) = -50\,600$, $z(t_1) = 2\,500$, $z(t_2) = 2\,500$, $z(t_3) = 52\,500$. ~~= 52 500.~~

Beispiel 1.6: Aktieninvestment

In $t = 0$ werde ein Aktieninvestment in Höhe von EUR 10 000 getätigt. Nach 6 bzw. 18 Monaten erfolgt eine Dividendenzahlung in Höhe von 200 bzw. EUR 300 und nach 27 Monaten werde das Aktieninvestment unter Realisierung eines Kursverlusts zu EUR 9 000 aufgelöst. Die Konvention sei 30/360.

Zeitmodell: $t_0 = 0$, $t_1 = 0.5$, $t_2 = 1.5$, $t_3 = 2.25$

Zahlungsstrommodell: $z(t_0) = -10\,000$, $z(t_1) = 200$, $z(t_2) = 300$, $z(t_3) = 9\,000$.

Bei einem thesaurierenden Investmentfonds bzw. einem Performanceindex (Beispiel: DAX) werden die Dividenden nicht ausgeschüttet, sondern reinvestiert.

Beispiel 1.7: Thesaurierender Investmentfonds

In $t = 0$ werden für EUR 10 000 Anteile eines thesaurierenden Aktienfonds erworben und nach 21 Monaten verkauft, der Verkaufserlös betrage EUR 13 500. Die Konvention sei 30/360.

Zeitmodell: $t_0 = 0$, $t_1 = 1.75$

Zahlungsstrommodell: $z(t_0) = -10\,000$, $z(t_1) = 13\,500$.

In Termen des verallgemeinerten Zahlungsstrommodells liegen bei den Beispielen 1.5 – 1.7 wiederum jeweils Standardinvestments vor.

1.3   Zentrale Prämisse: Sichere Zahlungen

Entscheidungsmodell unter Sicherheit

Zentrale Prämisse des gesamten vorliegenden Textes ist, dass alle Zahlungen sicher (determiniert, deterministisch) sind, d.h. alle Zahlungen $z(t_i)$ sind hinsichtlich ihres Eintrittszeitpunkts und ihrer Höhe nach vollständig bekannt (*Entscheidungsmodell unter Sicherheit*). Falls der reale Zahlungsstrom jedoch indeterminiert ist, so ist dies eine Annahme zur vereinfachten Abbildung der Realität oder aber auch eine didaktische Vorstufe für komplexere Modellansätze.

Bei der Analyse der praktischen Relevanz sicherer Zahlungen sind zwei Sichtweisen zu unterscheiden.

Planungsperspektive

I. Ex ante- bzw. Planungsperspektive:
Klammert man bei Festzinstiteln das »Ausfallrisiko« (Zahlungsunfähigkeit des Schuldners) aus und hält man den Titel bis zur Endfälligkeit, so resultiert ein solcher sicherer Zahlungsstrom (unsicher bleiben allerdings auch in diesem Fall die künftigen Wiederanlagebedingungen für die erfolgten Kuponzahlungen). Verkauft man den Titel vor Endfälligkeit, so resultiert jedoch ein Kursrisiko (Unsicherheit des Rückzahlungsbetrags zum Marktwert).

Bei Aktien sind die Kursentwicklungen grundsätzlich unsicher, in deutlich geringerem Ausmaß gilt dies für die Dividenden. Die Desinvestitionswerte sind bei einem Aktienengagement somit unsicher. Im Rahmen einer Planungsrechnung kann man sich in diesem Falle hilfsweise mit unterschiedlichen deterministischen Szenarien (z.B.: 3%, 7%, 10% jährliche Kursentwicklung) behelfen.

Kontrollperspektive

II. Ex post- bzw. Kontrollperspektive:
Ex post, d.h. nach abgeschlossener Investition oder bei historischer Betrachtung von Investments (beispielsweise Kurszeitreihen), haben sich alle Zahlungen realisiert und sind damit determiniert.

1.4   Zinsmodelle

Die grundlegende Problematik bei der Bewertung eines deterministischen Zahlungsstroms (beispielsweise) der Form $Z = \{z_0, z_1, ..., z_T\}$ oder $Z = \{z(t_0), z(t_1), ..., z(t_n)\}$ besteht darin, dass die Zahlungen zu verschiedenen Zeitpunkten erfolgen, d.h. nicht direkt vergleichbar sind. Zentraler Schlüssel zur Vornahme einer Bewertung ist dann die Verwendung eines Zinsmodells. Dabei gehen wir im Weiteren von einem einheitlichen deterministischen Zins aus. Die Modellannahme der Sicherheit erstreckt sich damit gleichermaßen auf die Höhe der angenommenen Verzinsung. Der über die gesamte Periode bestehende einheitliche Zins (bzw. allgemeiner die in den einzelnen Subperioden bestehenden Zinsen) ist (bzw. sind) bekannt.

sichere Verzinsung

Als grundlegendes Zinsmodell betrachten wir im Weiteren das Modell eines *vollkommenen Kapitalmarkts* in diskreter Zeit mit einem Periodenzinssatz r > 0. Die Bedingung des vollkommenen Kapitalmarkts bedeutet dabei, dass zu r beliebig hohe Geldbeträge angelegt und ebenso beliebig hohe Kredite aufgenommen werden können. Der Zinssatz r ist dabei fristigkeitsunabhängig, d.h. unabhängig von der Dauer der Kapitalanlage bzw. von der Laufzeit des Kredits.

vollkommener Kapitalmarkt

Wir führen zunächst eine Reihe von Standardnotationen ein:

Zinsgrößen

- p :   Zinsfuß (z.B.: 5)
- r := $p/100$ Zinssatz (z.B.: 5%)
- q := $1+r$ Aufzinsungsfaktor (z.B.: 1.05)
- v := $q^{-1} = 1/q$ Abzinsungs- bzw. Diskontierungsfaktor (z.B.: $(1.05)^{-1}$ = 0.9524).

Der Zinssatz für eine bestimmte Periode spezifiziert dabei den Preis für die Überlassung von Kapital für diese Periode.

Die Bedingung eines einheitlichen Soll- und Habenzinses kann leicht aufgeweicht werden (gespaltener Zinssatz), dann können Ein- und Auszahlungen jedoch nicht mehr saldiert, sondern müssen jeweils getrennt betrachtet werden. Der Einfachheit halber verzichten wir im Weiteren auf diese leicht allgemeinere Modellbildung.

Soll- und Habenzins

Das im Weiteren betrachtete *Basis-Zinsmodell* kann nun wie folgt konkretisiert werden:

Basis-Zinsmodell

- Zeitmodell $\{0,1,...,T\}$, die Standardperiode ist dabei ein Jahr
- nachschüssige Verzinsung zum Per Annum (p.a.)-Zinssatz r (Zinsgutschrift am Periodenende)
- Zinskapitalisierung (die Zinszahlungen werden nicht ausgeschüttet, sondern erhöhen den Anlagebetrag bzw. die Schuld); man spricht in diesem Zusammenhang auch von einem *Zinseszins*
- es besteht ein anfängliches Kapital bzw. eine anfängliche Schuld K_0 in $t = 0$.

Die Wertentwicklung des anfänglichen Kapitals (der anfänglichen Schuld) K_0 über T Perioden unter Zugrundelegung dieses Zinsmodells führt dann zu dem folgenden Kapitalstand (Schuldenstand) $K_T = K_T(r)$ zum Zeitpunkt T (*Endwert*):

Endwertbestimmung

$$(1.1) \qquad K_T(r) = K_0 \cdot \left(1 + \frac{p}{100}\right)^T = K_0 \cdot (1+r)^T = K_0 \cdot q^T.$$

periodenweise Aufzinsung

Zur Begründung dieses Zusammenhangs betrachten wir die Folge K_0, K_1, ..., K_T der jährlichen Wertentwicklungen. Die Wertentwicklung zweier aufeinander folgender Jahre ist dabei gekennzeichnet durch

$$(1.2) \qquad K_t = K_{t-1} + K_{t-1} \cdot r = K_{t-1} \cdot (1+r) = K_{t-1} \cdot q.$$

K_{t-1} ist dabei der Kapitalstand am Anfang der Periode t und $K_{t-1} \cdot r$ der am Ende der Periode t gutgeschriebene Zinsbetrag. Dieser grundlegende Zusammenhang wird illustriert in Abbildung 1.4.

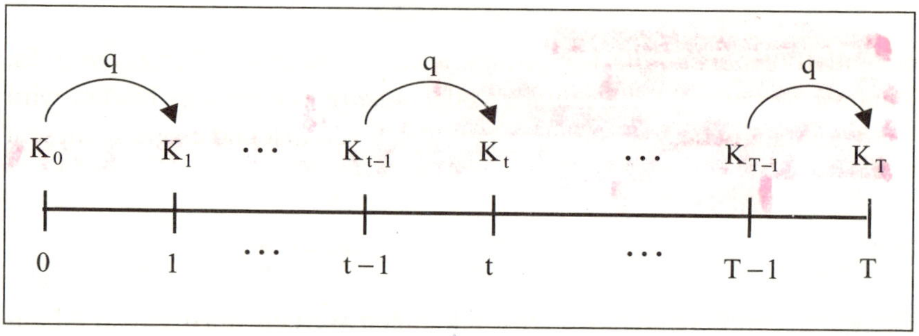

Abb. 1.4: Periodenweise Aufzinsung

Aus der Verknüpfung der einperiodigen Wertentwicklungen resultiert:

$K_1 = K_0 \cdot q$
$K_2 = K_1 \cdot q = K_0 \cdot q^2$
$K_3 = K_2 \cdot q = K_0 \cdot q^3$, etc.

Dies führt zu der allgemeinen Wertentwicklung

$$(1.3) \qquad K_t = K_0 \cdot (1+r)^t = K_0 \cdot q^t,$$

bei der Betrachtung von T Perioden somit zur Wertentwicklung gemäß Beziehung (1.1). Die Beziehungen (1.3) und (1.1) werden illustriert in Abbildung 1.5.

Der durch die vorstehenden Beziehungen beschriebene Effekt, dass nicht nur der anfängliche Kapitalbetrag eine Verzinsung erfährt, sondern auch die jeweils aufgelaufenen Zinsen, wird auch als *Zinseszinseffekt* bezeichnet. Insbesondere wächst das Kapital aufgrund dieses Effektes ex-

Zinseszinseffekt

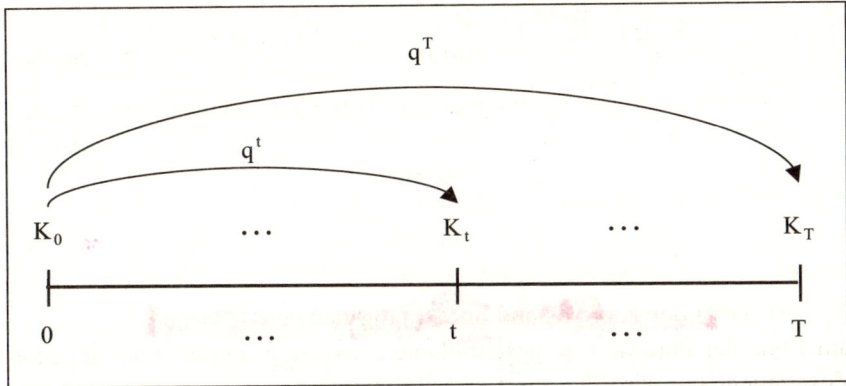

Abb. 1.5: Periodenübergreifende Aufzinsung

ponentiell (*exponentielle Verzinsung*, auch: *geometrische Verzinsung*). Im Kontrast hierzu steht die *einfache* oder *lineare Verzinsung*, hierbei wird nur der anfängliche Kapitalbetrag periodisch verzinst und es gilt in diesem Falle

exponentielle und lineare Verzinsung

$$(1.4) \quad K_t = K_0 + K_0 \cdot r + \ldots + K_0 \cdot r = K_0 \cdot (1 + t \cdot r).$$

Die korrespondierenden Wertentwicklungen werden illustriert in Abbildung 1.6.

Exponentielle versus lineare Verzinsung

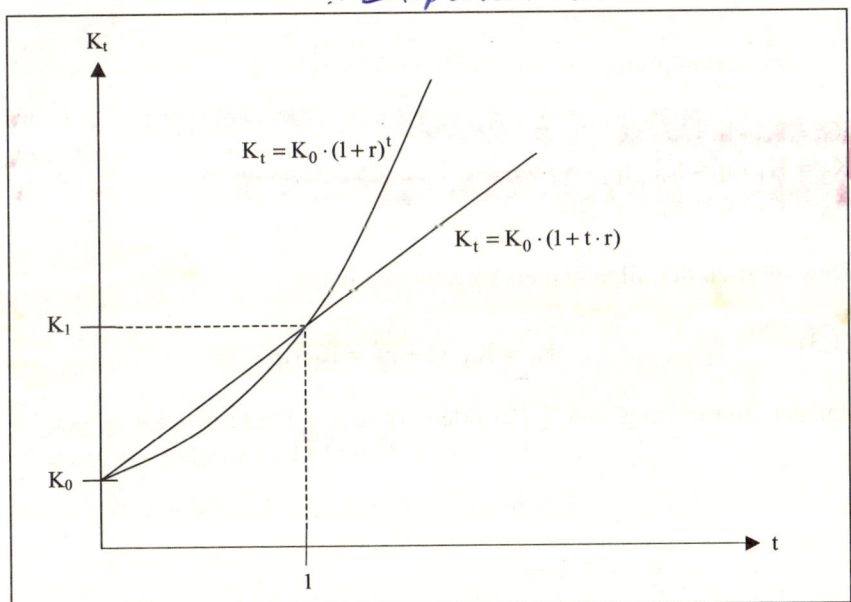

Abb. 1.6: Exponentielle versus lineare Verzinsung

Kontostaffel

Die periodenweise Wertentwicklung über T Perioden lässt sich dokumentieren anhand der sogenannten Kontostaffel. Wir illustrieren dies anhand des Beispiels 1.8.

Beispiel 1.8: Zinseszins und Kontostaffel

Ein Anfangskapital von EUR 75 000 wächst bei 4% Verzinsung p.a. und jährlicher Zinsverrechnung nach 6 Jahren zu folgendem Endkapital an:

$$75\,000 \cdot (1.04)^6 = 75\,000 \cdot (1.26531902) = 94\,898.93.$$

Die zugehörige Kontostaffel besitzt die folgende Form:

Jahr	Kontostand Jahresbeginn	Verzinsung	Zinsgutschrift Jahresende	Kontostand Jahresende
1	75 000	0.04	3 000	78 000
2	78 000	0.04	3 120	81 120
3	81 120	0.04	3 244.80	84 364.80
4	84 364.80	0.04	3 374.59	87 739.39
5	87 739.39	0.04	3 509.58	91 248.97
6	91 248.97	0.04	3 649.96	94 898.93

Anmerkung:
Eine generelle Problematik bei der Rechnung mit Aufzinsungs- oder Diskontierungsfaktoren besteht im Auftreten von Rundungsfehlern, insbesondere dann, wenn man mit einer starren Anzahl von Nachkommastellen arbeitet. Im vorliegenden Text arbeiten wir daher mit einer flexiblen, dem jeweiligen Beispiel angepassten, Anzahl von Nachkommastellen (auch wenn dies aus ästhetischen Gründen weniger befriedigt).

Barwertbestimmung

Mit der Bestimmung des Endwerts beantwortet man die Frage nach dem Endstand eines Kapitals oder Vermögens (bzw. einer Schuld) bei gegebenem anfänglichen Kapital (bzw. anfänglicher Schuld) und bei gegebener (Basis: Zinsmodell) Verzinsung des Kapitals (bzw. der Schuld). Die reziproke Fragestellung besteht dann darin, zu bestimmen, welches anfängliche Kapital oder Vermögen man benötigt, um bei gegebener Verzinsung einen bestimmten Kapitalstand zu einem künftigen Zeitpunkt zu erreichen (bzw. welche anfängliche Schuld man bei gegebenem Tilgungsbetrag und gegebener Verzinsung aufnehmen kann). Gegeben ist somit der Ziel-Kapitalstand K_T zu einem künftigen Zeitpunkt T und gesucht wird das anfänglich notwendige Kapital K_0, das auf dieses Zielkapital anwächst.
    Die maßgeblichen Zusammenhänge sind in der folgenden Beziehung dokumentiert:

(1.5) $$K_0(r) = K_T \cdot (1 + r)^{-T} = K_T \cdot q^{-T} = K_T \cdot v^T.$$

Die Größe $K_0 = K_0(r)$ entspricht dann (bei gegebenem Zinsmodell) dem Gegenwartswert (*Barwert*) eines in T Jahren fälligen Kapitals (bzw. einer fälligen Schuld) K_T. Die Multiplikation mit q^{-t} bezeichnet man allgemein als *Abzinsung* (*Diskontierung*) bzw. als Bildung des Barwerts (über t Perioden) einer Zahlung. Der Barwert ist dann derjenige Wert, aus dessen Anlage zu Kapitalmarktbedingungen, d.h. unter Verwendung des Basis-Zinsmodells, nach T Perioden ein Endwert K_T gemäß (1.1) resultiert, denn es gilt:

Barwert

Diskontierung

$$K_0 \cdot q^T = (K_T \cdot q^{-T}) \cdot q^T = K_T \,.$$

Implizit setzt die Barwertbildung nach (1.5) somit das eingangs spezifizierte Basis-Zinsmodell voraus, insbesondere die periodische Werterhöhung zum unveränderlichen Zinssatz r.

Auch der Diskontierungsfaktor $v = 1/q$ erfährt auf der Basis von (1.5) eine unmittelbare Deutung. Setzen wir in (1.5) $T = 1$ und $K_1 = 1$, so resultiert $K_0 = q^{-1}$. Der Diskontierungsfaktor entspricht somit dem Barwert einer am Periodenende fälligen Zahlung in der Höhe einer Geldeinheit.

Die Abbildung 1.7 illustriert die vorstehenden Zusammenhänge.

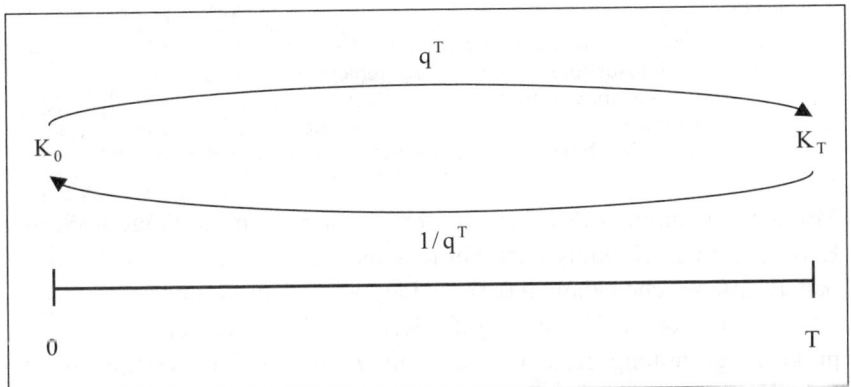

Abb. 1.7: Aufzinsung und Abzinsung als Umkehroperation

Betrachten wir hierzu ein Beispiel.

Beispiel 1.9: Diskontierung als Umkehroperation

Bestimmen wir in Fortführung des Beispiels 1.8 den Barwert des in $t = 6$ vorhandenen Kapitalstands 94 898.93 unter Zugrundelegung einer Verzinsung von 4% p.a., so erhalten wir

$$\frac{94\ 898.93}{(1.04)^6} = \frac{94\ 898.93}{1.26531902} = 75\ 000 \text{ ,}$$

mithin das Anfangskapital gemäß Beispiel 1.8.

periodenweise Abzinsung

Ebenso wie die Aufzinsung – man vergleiche hierzu Abbildung 1.4 – kann aber auch die Abzinsung als periodenweiser Prozess betrachtet werden. Dies wird in Abbildung 1.8 illustriert.

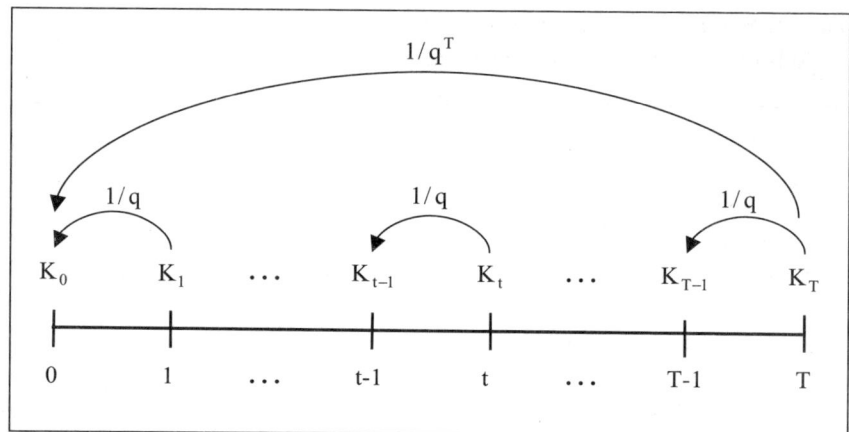

Abb. 1.8: Periodenweise und periodenübergreifende Abzinsung

Wechseldiskont

Eine weitere wirtschaftliche Anwendung findet die Diskontierung im Rahmen der vorzeitigen (vor Fälligkeit) Weiterveräußerung einer (insbesondere verbrieften) Forderung, beispielsweise eines Wechsels. Dies wird in dem folgenden Beispiel illustriert.

Beispiel 1.10: Wechseldiskont

Ein Unternehmen reicht bei einem Kreditinstitut einen Wechsel zur Diskontierung ein. Der Wechselbetrag in Höhe von EUR 750 000 ist in einem Jahr fällig. Mit einem Wechseldiskontsatz in Höhe von 3.75% bietet das Kreditinstitut an, den Wechsel zu einem Preis von 750 000 / 1.0375 = 722 891.57 anzukaufen, d.h. der Wechseldiskont beträgt EUR 27 108.43.

---

verallgemeinertes Zinsmodell

Wir kommen nun zu einer Variation des bisher betrachteten Basis-Zinsmodells. Das *verallgemeinerte Zinsmodell* beruht auf der Betrachtung jährlich variierender (nicht-gespaltener) Zinsfüße p_t bzw. Zinssätze $f_t = p_t/100$.

Die Zinssätze f_t werden auch als *Forward Rates* bezeichnet. Der End- **Forward Rates**
wert $K_T = K_T(f_1, ..., f_T)$ eines anfänglichen Kapitals (einer anfänglichen
Schuld) K_0 beträgt nunmehr

$$(1.6) \qquad K_T(f_1, ..., f_T) = K_0 \cdot (1 + f_1) \cdot ... \cdot (1 + f_T) = K_0 \cdot \prod_{t=1}^{T} (1 + f_t).$$

Dieses Ergebnis stützt sich auf die Überlegung, dass bei der in Abbildung **periodenweise**
1.4 dargestellten periodenweisen Aufzinsung hinsichtlich der Periode t nur **Aufzinsung**
der periodenunabhängige Aufzinsungsfaktor $1 + r$ durch den periodenabhängigen Aufzinsungsfaktor $1 + f_t$ ersetzt werden muss.
Abbildung 1.9 illustriert diesen Zusammenhang.

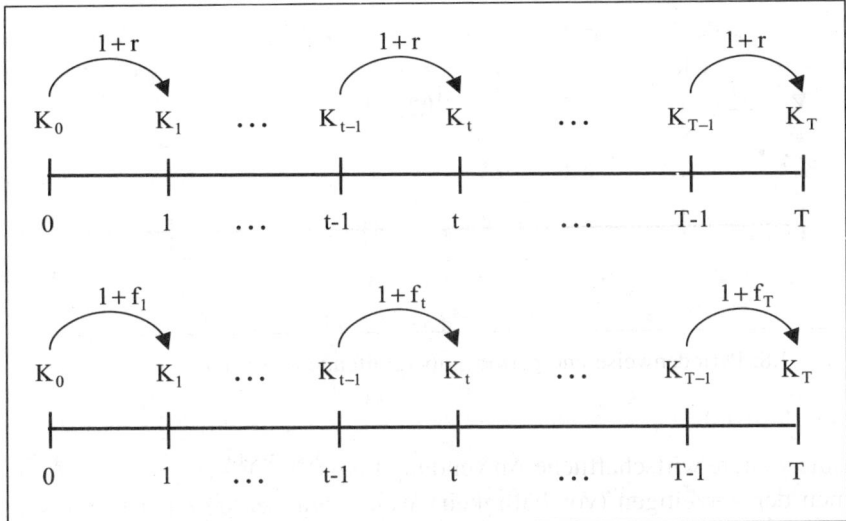

Abb. 1.9: Aufzinsung im Basis-Zinsmodell und im verallgemeinerten Zinsmodell

Betrachten wir hierzu ein Beispiel, das die in Beispiel 1.8 dargestellten
Verhältnisse verallgemeinert.

Beispiel 1.11: Zinseszins im verallgemeinerten Zinsmodell

Ein Anfangskapital von EUR 75 000 verzinst sich nach der Zinsstaffel 2%,
2.5%, 3%, 3.5%, 4% und 5%. Bei jährlicher Zinsverrechnung resultiert nach
6 Jahren das folgende Endkapital:

$$75\,000 \cdot (1.02) \cdot (1.025) \cdot (1.03) \cdot (1.035) \cdot (1.04) \cdot (1.05) = 75\,000 \cdot (1.21709436) = 91\,282.08.$$

Die zugehörige Kontostaffel besitzt die folgende Form:

Jahr	Kontostand Jahresbeginn	Verzinsung	Zinsgutschrift Jahresende	Kontostand Jahresende
1	75 000	0.02	1 500	76 500
2	76 500	0.025	1 912.50	78 412.50
3	78 412.50	0.03	2 352.38	80 764.88
4	80 764.88	0.035	2 826.77	83 591.65
5	83 591.65	0.04	3 343.67	86 935.32
6	86 935.32	0.05	4 346.76	91 282.08

Barwert

Kommen wir damit zur Barwertbildung im verallgemeinerten Zinsmodell. Der Barwert $K_0 = K_0(f_1, \ldots, f_T)$ eines in T Jahren fälligen Kapitalbetrags (einer fälligen Schuld) K_T beträgt entsprechend

$$K_0(f_1, \ldots, f_T) = \frac{K_T}{(1 + f_1) \cdot \ldots \cdot (1 + f_T)}$$

(1.7)

$$= K_T \cdot \left[\prod_{t=1}^{T} (1 + f_t) \right]^{-1} = K_T \cdot \prod_{t=1}^{T} (1 + f_t)^{-1}.$$

Die Barwertbildung gemäß (1.7) setzt wiederum implizit die Annahmen des zugrunde liegenden Zinsmodells voraus, insbesondere die periodische Werterhöhung zu den Zinssätzen f_t.

periodenweise Abzinsung

Das Ergebnis (1.7) stützt sich auf die Überlegung, dass bei der in Abbildung 1.8 dargestellten periodenweisen Abzinsung hinsichtlich der Periode t nur der periodenunabhängige Diskontierungsfaktor $q^{-1} = 1/(1+r)$ durch den periodenabhängigen Diskontierungsfaktor $1/(1+f_t)$ ersetzt werden muss.

Abbildung 1.10 illustriert diesen Zusammenhang.

unterjährige Verzinsung

Kommen wir damit zum Fall einer unterjährigen Verzinsung. Diese werde wie folgt spezifiziert. Es erfolgt eine nachschüssige unterjährige Zinsgutschrift jeweils am Ende von m äquidistanten Zeitperioden der Länge 1/m, d.h. zu den Zeitpunkten t =1/m, 2/m, …, (m-1)/m und 1. Der nominelle Jahreszinssatz u sei dabei fristigkeitsunabhängig und als unterjähriger Zinssatz sei u/m vereinbart. So würde etwa m = 12 auf eine monatliche Zinskapitalisierung hinauslaufen und m = 4 auf eine vierteljährliche Zinskapitalisierung. Bei einem nominellen Jahreszinssatz von 6% beträgt entsprechend der monatliche Zinssatz 0.5% und der vierteljährliche Zinssatz 1.5%.

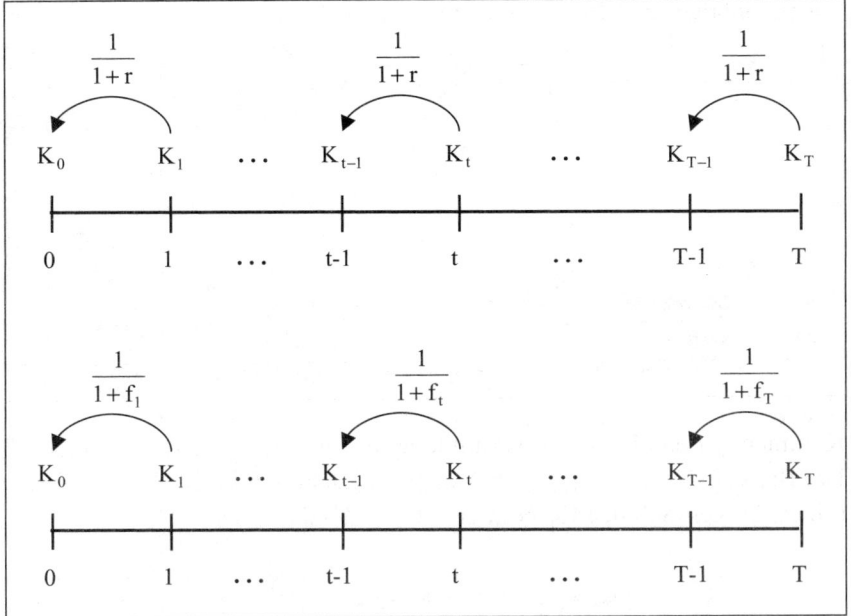

Abb. 1.10: Diskontierung im Basis-Zinsmodell und im verallgemeinerten Zinsmodell

Für den Kapitalstand nach einem Jahr gilt dann

$$(1.8) \qquad K_1 = K_0 \cdot \left(1 + \frac{u}{m}\right)^m = K_0 \cdot (1 + r_m) \cdot$$

Dies liegt darin begründet, dass per Konstruktion die periodenweise Aufzinsung nun mit dem Zinssatz u/m erfolgt. Dies wird illustriert in Abbildung 1.11.

Für den äquivalenten Zinssatz r_m auf Jahresbasis folgt aus (1.8)   äquivalenter Jahreszins

$$(1.9) \qquad r_m = \left(1 + \frac{u}{m}\right)^m - 1 \cdot$$

Die Wertentwicklung eines anfänglichen Kapitals über T Jahre, mithin mT Subperioden, beträgt daher

$$(1.10) \qquad K_T = K_0 \cdot \left(1 + \frac{u}{m}\right)^{mT} = K_0 \cdot (1 + r_m)^T \cdot$$

Betrachten wir auch hierzu ein Beispiel.

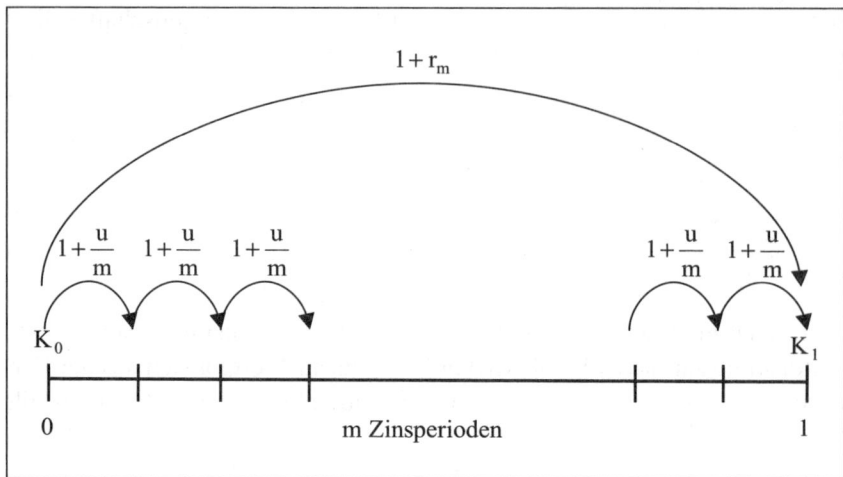

Abb. 1.11: Unterjährige Verzinsung und äquivalenter Jahreszinssatz

---

Beispiel 1.12: Vierteljährliche Verzinsung

Wir betrachten ein Darlehen in Höhe von EUR 7 500, welches in einem Jahr inklusive Zinsen fällig ist. Es ist ein nomineller Jahreszins in Höhe von 8% bei einer monatlichen Zinsverrechung vereinbart. Nach einem Jahr ergibt sich inklusive Zins und Zinseszins eine Schuld in Höhe von $K_1 = 7\,500(1+0.08/12)^{12}$ = 7 500(1.083) = 8 122.50.

Der äquivalente Jahreszinssatz bei jährlicher Zinsverrechnung beträgt damit gemäß (1.9) $r_m = (1+0.08/12)^{12} - 1 = 8.30\%$.

Der in Beispiel 1.12 auftretende Sachverhalt, dass der effektive Jahreszinssatz bei unterjähriger Zinsverrechnung höher ist als der nominelle Jahreszinssatz, ist allgemeingültig. Dies liegt darin begründet, dass nun auf unterjähriger Basis ein Zinseszinseffekt eintritt.

Allgemein gilt aufgrund der in Anhang 1C erläuterten Abschätzung (1C.4)

$$(1.11) \qquad \left(1+\frac{u}{m}\right)^m > 1 + m \cdot \frac{u}{m} = 1 + u \cdot$$

kontinuierliche Verzinsung

Wenden wir uns damit dem Fall einer kontinuierlichen Verzinsung zu. Der Ansatzpunkt hierbei ist die Annahme des vorstehend spezifizierten unterjährigen Zinsmodells sowie die Vornahme eines Grenzübergangs $m \to \infty$ für die Anzahl m der unterjährigen Zinsperioden bzw. $1/m \to 0$, d.h. einer im Grenzfall kontinuierlichen Zinsgutschrift. Hieraus resultiert unter Verwendung der in Anhang 1B rekapitulierten Eigenschaft (1B.4) der Exponentialfunktion

$$(1.12) \qquad K_1 = \lim_{m \to \infty} K_0 \cdot \left(1 + \frac{u}{m}\right)^m = K_0 \cdot e^u.$$

Man spricht bei Ansatz dieses Zinsmodells von einer *zeitstetigen* bzw. *kontinuierlichen Verzinsung* zur (Jahres-)Zins*rate* u (im Unterschied zum Zins*satz* bei Ansatz eines zeitdiskreten Zinsmodells).

Der zu einer kontinuierlichen Verzinsung zur Zinsrate u äquivalente zeitdiskrete Zinssatz r bei jährlicher Zinsgutschrift ergibt sich aus der Forderung $K_1 = K_0 \cdot e^u = K_0 \cdot (1 + r)$ bzw. äquivalent $1 + r = e^u$, d.h. es gilt

Äquivalenz- beziehungen

$$(1.13) \qquad r = e^u - 1.$$

Umgekehrt lautet die äquivalente Zinsrate u bei gegebenem Jahreszinssatz r

$$(1.14) \qquad u = \ln(1 + r).$$

Beispiel 1.13: Kontinuierliche Verzinsung

Bei einem Darlehen der Höhe EUR 5 000 sei eine jährliche Zinsrate in Höhe von 7.5% vereinbart. Nach einem Jahr ergibt sich inklusive Zins und Zinseszins $K_1 = 5\,000 \cdot e^{0.075} = 5\,389.42$. Der äquivalente diskrete Jahreszinssatz bei jährlicher Zinsgutschrift beträgt folglich $r = e^{0.075} - 1 = 7.79\%$.

Im Beispiel 1.13 sind die jährliche Zinsrate 7.5% und der jährliche Zinssatz 7.79% nicht stark unterschiedlich. Dies gilt generell. Aufgrund der in Anhang 1D erläuterten Approximation (1D.2) gilt allgemein

$$(1.15) \qquad u = \ln(1 + r) \approx r.$$

Die vorstehend dargestellten Zusammenhänge können nun auch dazu genutzt werden, um das Problem einer taggenauen Zinsberechnung zu klären. Konkret lautet die Problemstellung: Welches ist der korrekte anteilige Zinsbetrag, wenn ein (nachschüssiger) Jahreszins von p% p.a. vereinbart worden ist und x Tage seit der Anlage eines Anfangskapital K_0 verstrichen sind. Zur Klärung dieser Frage müssen wir zunächst eine Zinskonvention vereinbaren, wie sie in Abschnitt 1.2 behandelt wurde. Diese sei nachfolgend zunächst einmal echt/365.

taggenaue Zinsberechnung

Den zugehörigen effektiven Jahreszinssatz bezeichnen wir zunächst mit r. Eine Aufzinsung des Anfangskapitals über x Tage bei einem (zunächst unspezifizierten) nominellen Zinssatz u ergibt gemäß der in Abbildung 1.11 dargestellten Konstruktion den Kapitalstand

$$(1.16) \qquad K_\tau = K_0 \cdot \left(1 + \frac{u}{365}\right)^{x/365} = K_0 \cdot \left(1 + \frac{u}{365}\right)^{\tau},$$

wobei $\tau = x / 365$. Da nun andererseits nach einem Jahr, d.h. x = 365, gelten muss

$$K_1 = K_0 \cdot \left(1 + \frac{u}{365}\right) = K_0 \cdot (1 + r),$$

folgt hieraus die Beziehung u/365 = r, d.h. u = 365 · r. Durch entsprechende Substitution von u in (1.16) erhalten wir insgesamt die Beziehung

$$(1.17) \qquad K_\tau = K_0 \cdot (1 + r)^{\tau}.$$

Der korrekte unterjährige Aufzinsungsfaktor für x Tage unter Zins ist somit $(1 + r)^{\tau}$, wobei $\tau = x/365$. Bei Anwendung der Zinskonvention echt/360 ergibt sich in analoger Weise $\tau = x/360$. Der taggenau abgerechnete Zinsbetrag beträgt somit

$$(1.18) \qquad K_\tau - K_0 = K_0 \cdot [(1 + r)^{\tau} - 1].$$

Unter Vornahme der in Anhang 1C erläuterten linearen Approximation (1C.6) resultiert hieraus

$$(1.19) \qquad (1 + r)^{\tau} \approx 1 + r \cdot \tau \quad \text{bzw.} \quad (1 + r)^{\tau} - 1 \approx \tau \cdot r.$$

lineare Verzinsung

Die lineare Approximation des taggenau abgerechneten Zinsbetrags ist somit identisch mit einer zeitproportionalen Aufteilung der Per Annum-Zinsen. Dies wiederum ist identisch mit dem Fall der linearen Verzinsung gemäß (1.4).

Unter der Zinskonvention echt/365 führt dies auf den Zinsbetrag $\tau \cdot r = \frac{x}{365} \cdot r$, wobei x die Anzahl der Tage unter Zins bedeute. Entsprechend verfährt man bei der Zinskonvention echt/360.

Beispiel 1.14: Taggenaue Zinsberechnung

Am 01.12.2006 erfolge zu einem jährlichen Zinssatz von 5% eine Anlage von EUR 100 bis (einschließlich) zum 31.03.2007. Wie hoch ist der Rückzahlungsbetrag bei Anwendung der Konvention 30/360 mit Zinseszinsen
a) bei taggenauer Zinsverrechnung?
b) bei zeitproportionaler Aufteilung der Per Annum-Zinsen (lineare Verzinsung)?

Der Gesamtzeitraum umfasst bei der Konvention 30/360 insgesamt $4 \cdot 30$ Tage. Es folgt damit:

a) $100 \cdot (1.05)^{\frac{4 \cdot 30}{360}} = 100 \cdot (1.05)^{0.33333} = 100 \cdot (1.0164) = 101.64$

b) $100 \cdot \left[1 + 0.05 \cdot \left(\frac{4 \cdot 30}{360} \right) \right] = 100 \cdot [1 + 0.05 \cdot (0.33333)]$
$= 100 \cdot (1.0166) = 101.66$.

Erstreckt sich eine Anlage über mehrere Jahre, so wird in praxi in der Regel die *gemischte Verzinsung* angewandt. Die Jahresbruchteile des ersten und letzten Jahres werden dabei linear verzinst, während ganze Jahre exponentiell verzinst werden. Der Tag der Kapitalanlage wird wiederum mitgezählt, der Auszahlungstag jedoch nicht.   gemischte Verzinsung

---

Beispiel 1.15: Lineare, exponentielle und gemischte Verzinsung

Am 24.11.07 erfolge eine Anlage über EUR 10 000 bis zum 03.06.12. Der Zinssatz liege bei 5% p.a., die Zinsen werden reinvestiert und jeweils am Ende des Kalenderjahres gutgeschrieben. Die Konvention sei 30/360.
Im Anlagejahr 2007 wird das Kapital 37 Tage (7 Tage im November, der Anlagetag wird mitgezählt, und 30 Tage im Dezember) bei linearer Zinsverrechnung verzinst. Hierauf folgt eine vierjährige exponentielle Verzinsung und im Auszahlungsjahr 2012 schließlich eine lineare Verzinsung für 152 Tage (5 Monate zu 30 Tagen - Januar bis Mai - und 2 Tage im Juni, der Auszahlungstag wird nicht mitgezählt). Das Endkapital wächst somit auf

$$K_T = 10\,000 \cdot \left(1 + 0.05 \cdot \frac{37}{360} \right) \cdot 1.05^4 \cdot \left(1 + 0.05 \cdot \frac{152}{360} \right) = 12475.45 .$$

Bei einer strikt exponentiellen Verzinsung ergäbe sich durch die Verzinsung über $\frac{37}{360} + 4 + \frac{152}{360} = 4\frac{189}{360}$ Jahre ein Endkapital von

$$K_T = 10\,000 \cdot 1.05^{4\frac{189}{360}} = 12\,470.43 \, ,$$

bei einer strikt linearen Verzinsung sogar von nur

$$K_T = 10\,000 \cdot \left(1 + 0.05 \cdot 4\frac{189}{360}\right) = 12\,262.50 \, .$$

Wählen wir $u = \ln(1 + r)$ als die gemäß (1.14) zu r äquivalente Zinsrate, so gilt nach (1.13) äquivalent $r = e^u - 1$. Der Zusammenhang (1.17) lautet somit in Termen einer kontinuierlichen Verzinsung

(1.20) $$K_\tau = K_0 (e^u)^\tau = K_0 e^{u\tau} \, ,$$

wobei wiederum $\tau = x/365$ oder $\tau = x/360$, je nach Zinskonvention. Dieser Zusammenhang beschreibt die taggenaue Kapitalentwicklung eines anfänglichen Kapitals, das x Tage unter Zins steht, bei Anwendung einer kontinuierlichen Zinsrate.

1.5   Bewertung von Zahlungsströmen: Barwert

Endwert eines
Zahlungsstroms

In Abschnitt 1.4 haben wir die Bildung des Endwerts eines anfänglichen Kapitals K_0 behandelt. Wir verallgemeinern zunächst die Konzeption des Endwerts im Hinblick auf einen beliebigen Zahlungsstrom, wobei wir beispielhaft von nachschüssigen Zahlungen $Z = \{z_1, \ldots, z_T\}$ ausgehen (die Analyse des Falls vorschüssiger Zahlungen gestaltet sich in analoger Weise) und unterstellen dabei das Basis-Zinsmodell mit einem einheitlichen Zinssatz r. Der Endwert des Zahlungsstroms Z ist dann in naheliegender Weise definiert als Summe der Endwerte der einzelnen Zahlungen.

Die Wertentwicklungen der einzelnen Zahlungen im Zeitablauf sind zunächst dem folgenden Schaubild zu entnehmen:

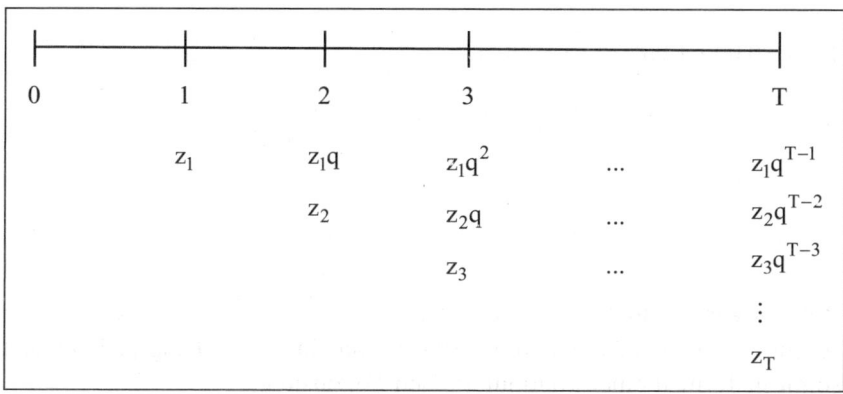

Abb. 1.12: Wertentwicklung eines Zahlungsstroms

Der Endwert $K_T(r) = K_T^Z(r)$ des Zahlungsstroms Z – in Abhängigkeit vom Kapitalmarktzins r – ist damit gegeben durch

(1.21)
$$K_T(r) = z_1 \cdot q^{T-1} + z_2 \cdot q^{T-2} + ... + z_{T-1} \cdot q + z_T$$
$$= \sum_{t=1}^{T} z_t \cdot q^{T-t} \,.$$

Entsprechend definiert man (wiederum in Abhängigkeit vom Kapitalmarktzins r) den Barwert $K_0(r) = K_0^Z(r)$ eines Zahlungsstroms als Summe der Barwerte der einzelnen Zahlungen, mithin

Barwert eines Zahlungsstroms

(1.22a)
$$K_0(r) = z_1 \cdot q^{-1} + z_2 \cdot q^{-2} + ... + z_{T-1} \cdot q^{-(T-1)} + z_T \cdot q^{-T}$$
$$= \sum_{t=1}^{T} z_t \cdot q^{-t} \,.$$

bzw. unter Verwendung von $v = 1/q$

(1.22b)
$$K_0(r) = z_1 \cdot v + z_2 \cdot v^2 + ... + z_{T-1} \cdot v^{T-1} + z_T \cdot v^T$$
$$= \sum_{t=1}^{T} z_t \cdot v^t \,.$$

Abbildung 1.13 visualisiert nochmals diese komponentenweise Diskontierung.

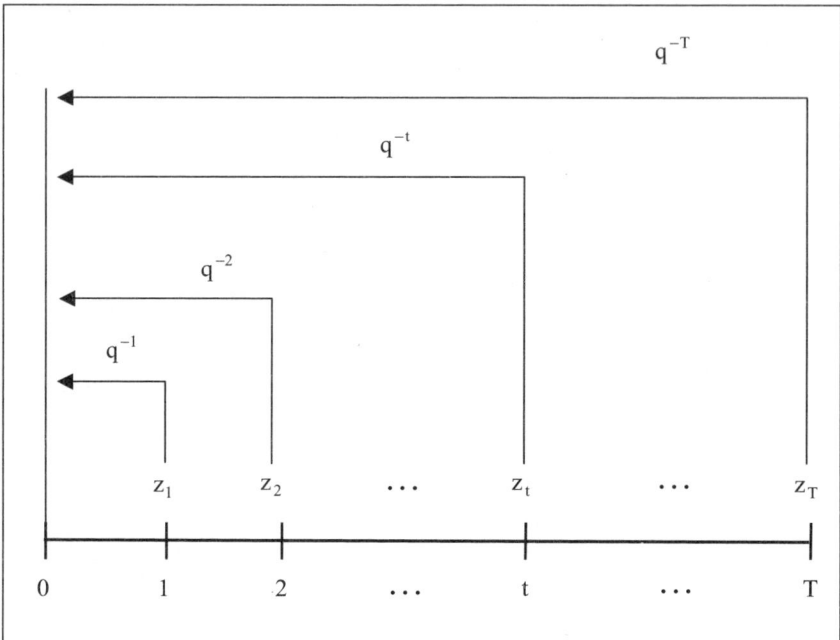

Abb. 1.13: Komponentenweise Diskontierung eines Zahlungsstroms

---

Beispiel 1.16: Barwert im Basis-Zinsmodell

Man bestimme den Barwert des Zahlungsstroms $Z = \{z_1 = 4\,000,\ z_2 = 4\,000,\ z_3 = 4\,000,\ z_4 = 104\,000\}$ bei Annahme eines Kapitalmarktzinses von 4.5 %!

Zwischenrechnung:

$(1.045)^{-1} = 0.956938,\ (1.045)^{-2} = 0.91573$

$(1.045)^{-3} = 0.876297,\ (1.045)^{-4} = 0.8385613$

Endrechnung:

$$K_0(0.045) = 4\,000 \cdot (0.956938) + 4\,000 \cdot (0.91573)$$
$$+ 4\,000 \cdot (0.876297) + 104\,000 \cdot (0.8385613)$$
$$= 3\,827.75 + 3\,662.92 + 3\,505.19 + 87\,210.38$$
$$= 98\,206.24\ .$$

Zwischen Barwert und Endwert der Zahlungsreihe Z besteht nun die folgende fundamentale Beziehung:

(1.23)
$$K_0(r) \cdot q^T = (z_1 \cdot q^{-1}) \cdot q^T + (z_2 \cdot q^{-2}) \cdot q^T + \ldots + (z_T \cdot q^{-T}) \cdot q^T$$
$$= z_1 \cdot q^{T-1} + z_2 \cdot q^{T-2} + \ldots + z_T$$
$$= K_T(r) \, .$$

Die Aufzinsung des Barwerts auf den Zeitpunkt T ist identisch mit der Aufzinsung aller Zahlungen auf den Zeitpunkt T, mithin mit dem Endwert der Zahlungsreihe.

Dies führt zu der folgenden ökonomischen Interpretation des Barwerts:

Barwert: ökonomische Bedeutung

Der Barwert eines Zahlungsstroms ist derjenige Wert, aus dem bei Anlage (bzw. Finanzierung) zu Kapitalmarktbedingungen derselbe Wert in T resultiert, wie bei Anlage (bzw. Finanzierung) der Zahlungen z_1, ..., z_T zu Kapitalmarktbedingungen. Die resultierende Größe ist der Endwert der Zahlungsreihe.

Über diese äquivalente Endwertbetrachtung erhält der Barwert eine materielle, zahlungswirtschaftlich wirksame Bedeutung. Wiederum setzt der Barwert damit spezifische (durch das verwendete Zinsmodell spezifizierte) Investitions- bzw. Finanzierungsbedingungen voraus. Der Barwert ist nur dann der korrekte Wert des Zahlungsstroms, wenn diese Bedingungen auch genauso eintreten. In praxi führt dies zur Problematik des Zinsänderungsrisikos, da sich die Zinsen am Kapitalmarkt im Zeitablauf ändern.

Im Rahmen des verallgemeinerten Zinsmodells aus Abschnitt 1.4 gilt für den Barwert der Zahlungsreihe $\{z_1, \ldots, z_T\}$ entsprechend

Barwert im verallgemeinerten Zinsmodell

(1.24)
$$K_0(f_1, \ldots, f_T) = \sum_{t=1}^{T} \frac{z_t}{(1 + f_1) \cdot \ldots \cdot (1 + f_t)}$$
$$= \sum_{t=1}^{T} z_t \cdot \left[\prod_{s=1}^{t} (1 + f_s) \right]^{-1} .$$

Beispiel 1.17: Barwert im verallgemeinerten Zinsmodell

Man bestimme den Barwert des Zahlungsstroms Z = {z_1 = 4 000, z_2 = 4 000, z_3 = 4 000, z_4 = 104 000} aus Beispiel 1.16 unter Annahme der variierenden Periodenzinssätze 3.75%, 4.5%, 5% und 6%!

Zwischenrechnung:

$$(1.0375)^{-1} = 0.963855,$$

$$(1.0375 \cdot 1.045)^{-1} = 0.922350,$$

$$(1.0375 \cdot 1.045 \cdot 1.05)^{-1} = 0.878428,$$

$$(1.0375 \cdot 1.045 \cdot 1.05 \cdot 1.06)^{-1} = 0.828706$$

Endrechnung:

$$K_0(0.0375, 0.045, 0.05, 0.06)$$

$$= 4\,000 \cdot (0.963855) + 4\,000 \cdot (0.922350)$$

$$+ 4\,000 \cdot (0.878428) + 104\,000 \cdot (0.828706)$$

$$= 3\,855.42 + 3\,689.40 + 3\,513.71 + 86\,185.42$$

$$= 97\,243.95 \,.$$

Endwert: verallge-meinertes Zinsmodell

Für den Endwert gilt im verallgemeinerten Zinsmodell entsprechend

$$(1.25) \qquad K_T(f_1, ..., f_T) = K_0 \cdot \prod_{t=1}^{T}(1 + f_t) = \sum_{t=0}^{T} z_t \cdot \left[\prod_{s=t+1}^{T} (1 + f_s) \right]$$

Die materielle Interpretation des Barwerts im Basis-Zinsmodell überträgt sich entsprechend.

Bewertung von Zahlungsströmen

Der Barwert des Zahlungsstroms $Z = \{z_1, ..., z_T\}$ ist zugleich die Lösung der ersten der in Abschnitt 1.1 aufgeworfenen beiden zentralen Problemstellungen, der (angemessenen) Bewertung von Zahlungsströmen. Die Problematik besteht dabei darin, dass die Zahlungen z_t zu verschiedenen Zeitpunkten t stattfinden, eine direkte Vergleichbarkeit der Zahlungen damit nicht möglich ist. Der Besitz von 100 EUR erst in zwei oder gar fünf Jahren ist nun einmal weniger wert, als der Besitz von 100 EUR bereits heute. Denn in letzterem Fall kann man die 100 EUR zinsbringend anlegen und hat in zwei oder fünf Jahren einen entsprechend höheren Betrag zur Verfügung.

Kapitalmarktbewertung

Bei Annahme eines vollkommenen Kapitalmarkts (inklusive spezifiziertem Zinsmodell) können nun aber beliebige (positive wie negative) Zahlungen zu einem beliebigen Zeitpunkt auf einen beliebigen anderen (früheren oder späteren) Zeitpunkt in äquivalenter Weise (d.h. zu Kapitalmarktbedingungen) transferiert werden. Damit löst sich das Problem der

Zeitverschiedenheit von Zahlungen auf. Das Zinsmodell des Kapitalmarkts definiert zugleich die Austauschrate zwischen den Perioden.

Die *Kapitalmarktbewertung* der Zahlungsreihe $Z = \{z_0, z_1, ..., z_T\}$ zum Zeitpunkt 0 entspricht dann dem Barwert der Zahlungsreihe gemäß (1.22) bzw. (1.24).

Wir variieren nunmehr noch das Zahlungszeitpunktmodell und nehmen in diesem allgemeinen Kontext die entsprechende Kapitalmarktbewertung vor. Wir nehmen dabei an, dass ein einheitlicher Zinssatz $r > 0$ vorliegt und zu den Zeitpunkten $0 < t_1 < ... < t_n = T$ nachschüssige Zahlungen der Höhe $z(t_i)$ erfolgen. Für den Barwert folgt hieraus

Variation Zahlungszeit-punktmodell

$$(1.26) \qquad K_0(r) = \sum_{i=1}^{n} z(t_i) \cdot (1+r)^{-t_i}$$

und für den Endwert entsprechend

$$(1.27) \qquad K_T(r) = \sum_{i=1}^{n} z(t_i) \cdot (1+r)^{T-t_i} \; .$$

Eine abschließende Variation besteht nun noch in der Veränderung des Bewertungszeitpunkts. Bisher erfolgte eine Bewertung entweder in $t = 0$ (Barwert) oder aber in $t = T$ (Endwert). Nun streben wir eine Bewertung zum Zeitpunkt s ($0 < s < T$) an. Wir behalten dabei die Annahme eines einheitlichen Zinses bei und beschränken uns auf den nachschüssigen Zahlungsstrom $\{z_1, ..., z_T\}$. Vor diesem Hintergrund gilt

$$(1.28) \qquad K_s(r) = (1+r)^s \cdot K_0(r) = \sum_{t=1}^{T} z_t \cdot (1+r)^{s-t} \; .$$

Durch Auf- bzw. Abzinsen kann somit der Wert des Zahlungsstroms zu einem fixierten Zeitpunkt auf einen beliebigen früheren oder späteren Zeitpunkt transferiert werden. Die Größe $K_s(r)$ entspricht dabei dem *Wert des Zahlungsstroms zum Zeitpunkt s.*

Wert des Zahlungs-stroms in s

Beispiel 1.18: Variation Auswertungszeitpunkt

Der Zahlungsstrom $Z = \{z_1 = 4\,000, z_2 = 4\,000, z_3 = 4\,000, z_4 = 104\,000\}$ werde in Fortführung des Beispiels 1.16 nun nicht in $t = 0$ erworben, sondern in $t = s$ ($0 < s < 1$), d.h. vor dem ersten Zahlungstermin. Der einheitliche Kapitalmarktzins betrage 4.5%.

Es gilt:

$K_s(0.045) = (1.045)^s \cdot K_0(0.045) = (1.045)^s \cdot 98\,206.24.$

Genauere Spezifikation von s:

Der Zahlungsstrom werde am Anfang des 184-ten Tages im Jahr erworben, das Jahr werde zu 365 Tagen gezählt.

Damit folgt:

Seit t = 0 (Anfang des ersten Tages) sind 183 ganze Tage verstrichen, d.h. s = 183/365.

$(1.045)^{183/365} = (1.045)^{0.50137} = 1.0223141.$

$K = 98\,206.24 \cdot (1.0223141) = 100\,397.62.$

finanzmathematisches Äquivalenzprinzip

Bei einem vollkommenen Kapitalmarkt und bei gegebenem Zinsmodell entspricht somit jedem Zahlungsstrom zu jedem spezifizierten Zeitpunkt s ein äquivalentes Kapital. Als Standardreferenzzeitpunkt dient dabei der Beginn der Betrachtungsperiode, d.h. s = 0 (Barwert). Zahlungsströme können verglichen werden, indem man ihre Werte in einem beliebigen, aber fixierten Zeitpunkt s (standardmäßig: s = 0) vergleicht. Zwei Zahlungsströme sind nun *finanzmathematisch äquivalent*, wenn ihr Wert zu einem fixierten Zeitpunkt identisch ist. Diesen Sachverhalt bezeichnet man auch als *finanzmathematisches Äquivalenzprinzip*.

Es gelten des Weiteren die folgenden Aussagen:

- Sind die Werte zweier Zahlungsströme zu einem spezifischen Zeitpunkt s identisch, so sind sie auch für alle anderen Zeitpunkte identisch. Insbesondere sind dann die Barwerte und auch die Endwerte identisch.
- Eine Vervielfältigung bzw. Addition von Zahlungsströmen resultiert in einer Vervielfältigung bzw. Addition der entsprechenden Werte zum Zeitpunkt s:

$$K_s(c \cdot Z) = c \cdot K_s(Z), \quad K_s(Z_1 + Z_2) = K_s(Z_1) + K_s(Z_2),$$

wobei Z, Z_1, Z_2 Zahlungsströme sind und $c \cdot Z$ dem Zahlungsstrom $\{c \cdot z(t_1), \ldots, c \cdot z(t_n)\}$ entspricht.

- Gleiche Kapitalien zu unterschiedlichen Zeitpunkten sind bei positivem Zinssatz nicht äquivalent. Die Werte von Zahlungsströmen dürfen nur zum gleichen Zeitpunkt verglichen werden.
- Die Bildung der Werte von Zahlungsströmen setzt die Gültigkeit der spezifischen, durch das Zinsmodell definierten, (Re-)Investitions- bzw. Finanzierungsbedingungen voraus.

1.6 Kapitalwert

Ausgangspunkt für die Begriffsbildung des Kapitalwerts ist das Vorliegen einer Investition (bzw. spezifischer eines Investments) der Form $Z = \{z_0, z_1, ..., z_T\}$. Hierbei sind somit nicht nur die Rückflüsse (allgemeiner: die Rückflusssalden) der Investition erfasst, sondern auch ihre Anfangsauszahlung z_0 ($z_0 < 0$).

Kapitalwert einer Investition

Zur Gewinnung einer größeren Transparenz zerlegen wir die Zahlungen der Investition explizit in die mit der Investition verbundenen Ein- und Auszahlungen. Beispielhaft gehen wir dabei vom Zeitmodell $\{0, 1, ..., T\}$ aus sowie von einem nachschüssigen Einzahlungsstrom $\{ez_1, ..., ez_T\}$ und einem vorschüssigen Auszahlungsstrom $\{az_0, az_1, ..., az_T\}$. Für den saldierten Zahlungsstrom gilt somit

(1.29) $\qquad z_0 = -az_0; \quad z_t = ez_t - az_t \quad (t = 1, ..., T)$

Der *Kapitalwert* $K_0(r)$ der Investition $Z = \{z_0, z_1, ..., z_T\}$ in Abhängigkeit vom Kapitalmarktzins r ist dann definiert als Differenz zwischen dem Barwert der Einzahlungen und dem Barwert der Auszahlungen (im englischen Sprachraum wird der Kapitalwert daher konsequenterweise als net present value bezeichnet), formal

net present value

(1.30a) $\qquad K_0(r) = \sum_{t=1}^{T} ez_t (1+r)^{-t} - \sum_{t=0}^{T} az_t (1+r)^{-t}.$

Da (mit $ez_0 = 0$) offenbar gilt

$$\sum_{t=0}^{T} ez_t (1+r)^{-t} - \sum_{t=0}^{T} az_t (1+r)^{-t} = \sum_{t=0}^{T} (ez_t - az_t) \cdot (1+r)^{-t},$$

ist dies offenbar äquivalent zu

(1.30b) $\qquad K_0(r) = -az_0 + \sum_{t=1}^{T} z_t (1+r)^{-t},$

d.h. der Kapitalwert der Investition entspricht dem Barwert der Zahlungssalden (aus diesem Grunde führen wir für den Kapitalwert auch kein unterschiedliches Symbol im Vergleich zum Barwert ein).

Beispiel 1.19: Kapitalwert einer Investition

Ein Investitionsprojekt werde repräsentiert durch die Zahlungsreihe {-600, 120, 240, 360}. Zu bestimmen ist der Kapitalwert der Investition bei einem Marktzins von 5%.

Es gilt:

$$K_0(0.05) = -600 + 120 \cdot (1.05)^{-1} + 240 \cdot (1.05)^{-2} + 360 \cdot (1.05)^{-3}$$

$$= -600 + 114.2857 + 217.6871 + 310.9815$$

$$= 42.95.$$

Kapitalwertkriterium

Betrachten wir im Weiteren vereinfachend den Fall einer Standardinvestition (bzw. spezifischer eines Standardinvestments), d.h. der Anfangsauszahlung folgen nur positive Zahlungsüberschüsse ($z_t > 0$ für t = 1, ..., T). Der Kapitalwert $K_0(r)$ der Investition ist dann positiv, d.h. $K_0(r) > 0$, wenn

$$\sum_{t=1}^{T} z_t \cdot (1+r)^{-t} > az_0 \, .$$

In Endwertform lautet diese Ungleichung

(1.31) $$\sum_{t=1}^{T} z_t \cdot (1+r)^{T-t} > az_0 \cdot (1+r)^T \, .$$

Es ist somit vorteilhafter, die Investition zu tätigen und die Rückflüsse zum Kapitalmarktzins r anzulegen, als die Investition nicht zu tätigen und den Investitionsbetrag direkt zu Kapitalmarktbedingungen anzulegen. Die Vorteilhaftigkeit der Investition wird somit relativ zu einer alternativen Anlage des Investitionsbetrags am Kapitalmarkt beurteilt. Die Prüfung des Vorliegens der Konstellation $K_0(r) > 0$ bezeichnet man als *Kapitalwertkriterium*.

Im Falle des verallgemeinerten Zahlungsstrommodells mit dem Zahlungsstrom {$z(t_0)$, $z(t_1)$, ..., $z(t_n)$}, wobei $t_0 = 0$ und $z(t_0) = -az_0 < 0$ bestimmt sich der Kapitalwert entsprechend zu

(1.32) $$K_0(r) = -az_0 + \sum_{i=1}^{n} z(t_i) \cdot (1+r)^{-t_i} \, .$$

1.7 Aufgaben zu Kapitel 1

Hinweis: Die mit einem * gekennzeichneten Aufgaben weisen einen entsprechend höheren Schwierigkeitsgrad auf.

1.7.1 Aufgaben zu Abschnitt 1.2

Aufgabe 1.2.1
Investorin Irmgard legt in $t = 0$ Kapital in Höhe von 70 000 Euro in eine Anleihe mit einer Laufzeit von 5 Jahren und endfälliger Tilgung an, welche jährlich nachschüssig Zinsen in Höhe von 10% p.a. ausschüttet. Ein Jahr später kauft sie 2 000 Aktien zum Kurs von 30 Euro pro Aktie, die gerade eine Dividende von 2.50 Euro abgeworfen haben, welche in der Folgezeit um 0.50 Euro jährlich wächst. Nach Auszahlung der Dividende in $t = 4$ verkauft Irmgard das Aktienpaket unter Realisierung eines Kursverlusts von 5 000 Euro. In $t = 2$ investiert sie zudem 120 000 Euro in eine Nullkuponanleihe mit einem Nennwert von 160 000 Euro und einer Restlaufzeit von vier Jahren. Stellen Sie die Zahlungsströme für die Einzelinvestments und den Gesamtzahlungsstrom auf.

Aufgabe 1.2.2
a) Anleger A erwirbt in $t = 0$ für 25 000 Euro von der Bank B eine Nullkuponanleihe mit Nennwert 35 000 Euro und einer Restlaufzeit von 4 Jahren. Die Bank B vergibt für den identischen Zeitraum einen Kredit ebenfalls in der Höhe von 25 000 Euro an Investor I für ein neues Großprojekt, dafür verlangt sie allerdings einen jährlich nachschüssigen Zinssatz von 10% p.a. Der Kredit werde nach Ende der Laufzeit getilgt. Bestimmen Sie den Zahlungsstrom aus Sicht von Anleger A und Investor I sowie aus Sicht der Bank B.

b) Nach zweieinhalb Jahren werde der Zerobond von Anleger A an Anleger C für 26 000 Euro verkauft. Dieser gerät drei Monate später in Liquiditätsschwierigkeiten und verkauft ihn für 25 000 Euro zurück an Anleger A. Wie sehen nun die neuen Zahlungsströme der Anleger A und C, des Investors I sowie der Bank aus (Konvention 30/360)?

Aufgabe 1.2.3
Unternehmensberater U tätigt am 01.07.2003 ein Aktieninvestment in Höhe von 80 000 Euro. Am 16.09. jedes Jahres erfolgt eine Dividendenzahlung, die sich nach einer Zahlung in Höhe von 10 000 Euro im Jahr 2003 in den darauf folgenden Jahren völlig überraschend jeweils um 10% verringert.

Da dies die Wertentwicklung der Aktien negativ beeinflusst, verkauft U am 01.04.2006 sein Aktienpaket unter Inkaufnahme eines Kursverlustes von 15%. Stellen Sie den Zahlungsstrom aus Sicht von U auf. Die Konvention sei 30/360.

Aufgabe 1.2.4
Am 01.01.2008 leiht sich Heinz H von Geldhai G 7 000 Euro bei einem jährlich vorschüssig zu zahlenden Zins in Höhe von 20% p.a. und einer Laufzeit von 3 Jahren. 9 Monate später verleiht H den gleichen Betrag zu identischen Konditionen an seinen Freund F. Diesem überlässt er am 01.01.2009 weitere 7 000 Euro, Laufzeit und Jahreszinssatz sind dabei wiederum gleich, dieses Mal vereinbaren sie allerdings nachschüssig zu erbringende Zinszahlungen.

Stellen Sie bei Anwendung der Konvention 30/360 die Zahlungsströme aus Sicht aller Beteiligten auf.

1.7.2 Aufgaben zu Abschnitt 1.4

Aufgabe 1.4.1
Herr D kauft zu den Zeitpunkten t = 0, t = 1 und t = 4 beim Emittenten E jeweils eine Nullkuponanleihe zu 10 000 Euro mit einer Laufzeit von 3 Jahren und einem Nennwert von 13 000 Euro. Des Weiteren leiht Herr D im Zeitpunkt t = 1 seinem Freund F 50 000 Euro für 6 Jahre zu einem Zinssatz von 10% p.a. bei jährlich nachschüssigen Zinszahlungen. Herr D ist leider in t = 5 pleite und nimmt daher bei Wucherer W einen Kredit in Höhe von 20 000 Euro auf. Der monatliche Zinssatz beträgt 3%, Herr D zahlt dabei die gesamten Zinsen und Zinseszinsen jeweils zu Jahresende und tilgt seine Schuld nach zweijähriger Kreditlaufzeit. Bestimmen Sie den Zahlungsstrom aus Sicht des Herrn D sowie des Emittenten E.

Aufgabe 1.4.2
Ihre Bank unterbreitet Ihnen zwei Anlagemöglichkeiten für Ihr Vermögen von 1 000 Euro. In beiden Varianten liegt der nominelle Jahreszinssatz bei 3%. Variante A bietet Ihnen monatliche Zinskapitalisierung, wobei eine unterjährige lineare Zinsverrechnung vereinbart sei. In Variante B erhalten Sie eine kontinuierliche Zinsgutschrift.

Bestimmen Sie für beide Varianten Ihr Vermögen nach einem Jahr.

Aufgabe 1.4.3
Frieder hat am 07.03.2001 ein Investment von 53 Euro getätigt, bei dem

die jährlich anfallenden Zinsen in Höhe von 5% p.a. reinvestiert werden. Zur Verlobung am 22.04.2009 möchte er seiner geliebten Frieda einen Minigolfschläger schenken, welcher 79 Euro kostet. Berechnen Sie den Wert der Anlage zum Zeitpunkt der Verlobung und stellen Sie fest, ob Frieder Friedas Herzenswunsch erfüllen kann. Halten Sie sich dabei an die Konvention 30/360 und verwenden Sie die gemischte Verzinsung.

Aufgabe 1.4.4

Ein Anfangskapital von 30 000 Euro verringert sich drei Jahre lang jeweils um 40%, um danach weitere drei Jahre um jeweils 60% zu wachsen. Stellen Sie die zugehörige Kontostaffel auf und erläutern Sie, warum es insgesamt zu einem Wertverlust/-gewinn kommt.

Bestimmen Sie danach, um wie viel Prozent das Kapital in den letzten drei Jahren jeweils wachsen müsste, damit das Kapital nach sechs Jahren exakt dem Anfangskapital entspricht.

Aufgabe 1.4.5

Die »72-er Regel« besagt, dass sich die ungefähre Dauer (in Jahren), bis sich ein zum Zinsfuß p angelegtes Kapital verdoppelt hat, berechnen lässt durch »72 / p«. Hierbei wird von einer Reinvestition der Zinsen ausgegangen.

Stellen Sie die so ermittelte ungefähre der tatsächlich benötigten Zeit bei den Zinssätzen 3%, 5%, 8% und 15% gegenüber. Die Zinsgutschrift erfolge jeweils am Jahresende.

Aufgabe 1.4.6

a) Berechnen Sie den Barwert einer Zahlung in Höhe von 100 000 Euro in $t = 9$ bei einem Zinsfuß von 10.
b) Wie ändert sich Ihre Berechnung aus Aufgabenteil a), wenn der Diskontfaktor $10/11$ beträgt?
c) Der Zinsfuß betrage nun in der ersten Periode 6 und wachse in jeder Folgeperiode um 1. Berechnen Sie erneut den Barwert der Zahlung.

Aufgabe 1.4.7

Banker Bert bereitet ein Kreditangebot seiner Bank für einen besonders wichtigen Kunden vor. Nach ausgiebiger Lektüre des Buches »Finanzmathematik für Dummies« plant er die erstmalige Einführung unterjähriger Verzinsung in ihrer linearen Form. Sein Assistent hat ihm fünf verschiedene Gestaltungsvarianten für den Kredit vorbereitet und Bert muss sich nun entscheiden, welches er dem Kunden vorlegt. Allen gemeinsam ist die Kredithöhe von 400 000 Euro bei zehnjähriger Laufzeit. Die Zins-

Aufgaben

zahlungen sollen jeweils am Jahresende erfolgen, unterjährig soll ggf. die Konvention 30/360 angewandt werden.

A: Jährliche Zinskapitalisierung bei einem Nominalzinssatz von 9.1% p.a.

B: Vierteljährliche Zinskapitalisierung bei einem Nominalzinssatz von 8.85% p.a.

C: Monatliche Zinskapitalisierung bei einem Nominalzinssatz von 8.80% p.a.

D: Tägliche Zinskapitalisierung bei einem Nominalzinssatz von 8.78% p.a.

E: Kontinuierliche Zinskapitalisierung bei einem Nominalzinssatz von 8.76% p.a.

a) Bert erhält eine leistungsbezogene Prämie, daher möchte er dem Kunden die Variante mit dem höchsten Effektivzinssatz unterjubeln. Helfen Sie Bert bei der Entscheidungsfindung, indem Sie die Effektivzinssätze berechnen.

b) Berechnen Sie den jährlichen Nominalzinssatz bei kontinuierlicher Zinskapitalisierung, der einem Nominalzinssatz von 10% p.a. bei vierteljährlicher Zinskapitalisierung entspricht.

* Aufgabe 1.4.8

Zu Weihnachten erhalten Sie eine Vielzahl von Geldgeschenken und beabsichtigen, diese am 01.01. des nächsten Jahres für ein volles Jahr anzulegen. Zur Auswahl stehen Ihnen die nachfolgenden Kontovarianten, denen eine lineare Verzinsung zugrunde liegt.

	Variante A	Variante B	Variante C	Variante D
Guthabenverzinsung	2.50%	2.25%	2.00%	1.50%
Verfügbarkeit	Täglich*	Täglich	Täglich	Täglich
Zinsgutschrift	Jährlich	Vierteljährlich	Vierteljährlich	Monatlich
Monatlicher Pauschalpreis**	Kostenlos	4.00 Euro	1.50 Euro	Kostenlos

* Für Variante A gilt eine besondere Zinsabsprache: Bei Verfügungen, die den Freibetrag von 3 000 Euro pro Kalendermonat überschreiten, wird für das den Freibetrag übersteigende Kapital ein Strafzinssatz in Höhe von einem Viertel des Habenzinssatzes bezogen auf 90 Tage berechnet (Konvention 30/360). Der Strafzins entfällt, wenn die Verfügung 90 Kalendertage im Voraus angekündigt wird.
** Der monatliche Pauschalpreis ist erst mit der jeweils nächsten Zinsgutschrift fällig.

a) Sie wissen noch nicht, wie reichhaltig die Geschenke ausfallen werden, Ihre finanzmathematische Begeisterung treibt Sie jedoch dazu, Ihr Vermögen zu Silvester des nächsten Jahres sowie die resultierende Effektivverzinsung der einzelnen Varianten in Abhängigkeit des anfangs eingesetzten Kapitals zu berechnen.

b) Sie möchten Ihr Geld keinesfalls auf Konto A anlegen, da Ihnen die »besondere Zinsabsprache« hierzu missfällt. Wie sieht Ihre Kontowahl in Abhängigkeit Ihres Vermögens aus?

c) Wie hoch ist die Effektivverzinsung von Variante A, wenn Sie nach einem Jahr Ihr Geld vom Konto abheben, ohne die Verfügung vorher anzukündigen (Zinskonvention 30/360)?

d) Nun stehen Ihnen keine Konten mit unterjähriger Zinsgutschrift mehr zur Verfügung, es tritt jedoch die Kontovariante E hinzu, bei der Sie bei kostenloser Kontoführung täglich über Ihr Geld verfügen können und 2% p.a. Zinsgutschrift am Jahresende erhalten. Sollten Sie Ihr Konto vor Jahresende auflösen, erhalten Sie zu Ihrem Guthaben sofort den anteiligen Zins ausbezahlt.

Machen Sie sich zunächst klar, dass eine unangekündigte Verfügung vor Jahresende bei Variante A zu einer niedrigeren Effektivverzinsung als in c) führt. Berechnen Sie anschließend, wie viele Tage Ihr Vermögen mindestens bei Variante A angelegt sein muss, um eine höhere Effektivverzinsung zu erhalten als bei einer Anlage in Variante E, wenn Sie zu Jahresbeginn 20 000 Euro anlegen (Zinskonvention 30/360).

* Aufgabe 1.4.9

Franz, Inhaber und Vorstandsvorsitzender der Ich-AG »Go China«, möchte in der Volksrepublik expandieren, um den dortigen Markt zu erobern und von der Fülle billiger, hoch qualifizierter Arbeitskräfte zu profitieren. Zur Finanzierung seines Wagnisses nimmt er bei der China-Bank einen Kredit in chinesischer Währung (RMB) auf. Da Franz seine Geschäfte ausschließlich in Euro abwickelt, tauscht er das Geld zugleich um und erhält 500 000 Euro. Der Kredit ist nach drei Jahren in RMB zurückzuzahlen. Die Bank verlangt dafür einen Zinssatz von 3% p.a. für die ersten beiden Jahre, im dritten Jahr belaufen sich die Zinszahlungen auf 0.1% pro Woche. Unterstellt werde stets Zinskapitalisierung, der Kredit werde am Ende der Laufzeit samt aller Zinsen zurückgezahlt.

a) Berechnen Sie zunächst den durchschnittlichen Jahreszinssatz für den dreijährigen Kredit (geometrisches Mittel). Gehen Sie dabei von einem konstanten Wechselkurs sowie von 52 Wochen pro Jahr und exponentieller unterjähriger Verzinsung aus.

b) Nehmen Sie nun an, dass unmittelbar vor dem Rückzahlungszeitpunkt der chinesische RMB gegenüber dem Euro völlig überraschend um 20% aufgewertet wird. Franz muss nun also mehr Euro in RMB umtauschen, um den Kredit zu tilgen. Völlig unterbewusst und wohl durch seinen siebten (Finanzmathe-) Sinn getrieben hatte Franz zu seinem Glück darauf bestanden, die Zinszahlungen in Euro zu erbringen. Wie war Franz durchschnittlicher Jahreszinssatz unter Berücksichtigung der Währungsschwankungen?

c) Wie hoch ist der durchschnittliche Jahreszinssatz, falls Franz sowohl Tilgungsbetrag als auch Zinszahlungen in chinesischer Währung zu erbringen hat?

d) Alternativ könnte »Go China« bei der Deutschland-Bank einen Kredit in Höhe von 500 000 Euro aufnehmen. Der Zinssatz würde dabei im ersten Jahr 4% p.a., im zweiten Jahr 3% p.a. und schließlich im dritten Jahr 5% p.a. betragen. Für welchen Kredit sollte sich Franz ex ante entscheiden? Wie sähe seine Entscheidung aus, wenn er von den kommenden Währungsschwankungen wüsste?

e) Die Asienbank verlangt von Franz einen Zinssatz von insgesamt 5% für die ersten beiden Jahre (nicht p.a.). Im dritten Jahr plant die Bank, auf monatliche Verzinsung umzusteigen. Berechnen Sie den Zinssatz pro Monat, bei dem Franz zwischen dem Angebot der Asienbank und der Deutschland-Bank indifferent ist.

1.7.3 Aufgaben zu Abschnitt 1.5

Aufgabe 1.5.1
Die naive Abiturientin Anke kann bei ihrem neuen Arbeitgeber, Kneipenbesitzer Kurt, zwischen zwei Zahlungsformen wählen. Entweder sie erhält ihr Gehalt am Monatsanfang oder sie kann bis zum Monatsende warten, würde dann aber 1% mehr Gehalt erzielen. Anke ist sehr erfreut über diese Option und entscheidet sich spontan für die Auszahlung am Monatsende, schließlich »gibt es da mehr Geld«. Nachdem ihre beste Freundin, Hauptschülerin Heike, Zweifel an dieser Entscheidung äußert und eine Auszahlung am Monatsanfang vorziehen würde – »da gibt's das schnelle Geld« – sucht Anke neutralen Rat und bittet Sie als Sandkastenfreund und Spezialisten in finanzmathematischen Problemstellungen um Hilfe.

a) Bewerten Sie zunächst die Aussagen von Anke und Heike unter finanzmathematischen Gesichtspunkten.

b) Bestimmen Sie anschließend, unter welchen Bedingungen Ankes Wahl und unter welchen Heikes Wahl zu bevorzugen ist.

Aufgabe 1.5.2

Alfred startet in das Jahr 2007 mit einem Anfangskapital von 23 Euro und der freudigen Nachricht seiner Eltern, jeweils am letzten Tag des Monats 5 Euro Taschengeld zu bekommen. Gleich am ersten Tag des Jahres findet er einen Zwanzigeuroschein auf der Straße. Aus Freude darüber kauft er sich sofort ein Eis für 2 Euro. Zwei Wochen später lädt er seine Schwester Berta an ihrem Geburtstag zum Kino ein, was ihn samt Popcorn um weitere 7 Euro ärmer macht. Dazu hatte er sich allerdings nur durchgerungen, nachdem er am Tag vorher beim Anblick des Geschenkebergs seiner Schwester vor Neid in Tränen ausgebrochen war und daraufhin von seinem Onkel Hubert zum Trost 10 Euro bekam. Am 01.03. bekommt Alfred von seiner amerikanischen Oma 15 Dollar, die er zwei Tage später unter Inkaufnahme einer Bearbeitungsgebühr in Höhe von 6 Euro zum Kurs 1.25 Dollar/Euro bei der lokalen Sparkasse umtauscht.

a) Stellen Sie Alfreds Zahlungsstrom (in Tagen) von 01.01. bis 31.03. auf. Wenden Sie dabei die Konvention echt/echt an und betrachten Sie ausschließlich Eurobeträge.

b) Nehmen Sie nun an, dass Alfred sein gesamtes Vermögen stets sofort zur Bank bringt bzw. das Geld bei Bedarf von seinem Konto abhebt. Der Zinssatz liegt bei 8% p.a..

   Berechnen Sie Alfreds Vermögen K_T am 01.04.2007 auf Basis des in Aufgabenteil a) erstellten Zahlungsstroms (weiterhin gelte die Konvention echt/echt).

c) Wie hoch ist Alfreds Vermögen am 01.04.2007 bei der Konvention 30/360?

* Aufgabe 1.5.3

Heinz wird Großvater. Die glückliche Simone erhält von ihm zu ihrer Geburt folgendes Geschenk: Ab ihrem 11. Geburtstag erhält sie jedes Jahr als Geburtstagsgeschenk einen Betrag von

$$\binom{x}{x-1} \cdot \binom{x-1}{x-2} \cdot \left(1 + x\%\right)^x \text{€},$$

wobei x Simones Alter in Jahren bezeichnet.

a) Da Heinz schon seit Jahren den Zusammenbruch des internationalen Bankenwesens voraussahnt, muss Simone ihr Geld in einem Sparstrumpf verstecken und darf bis zu ihrem 18. Geburtstag nichts davon ausgeben. Sobald sie allerdings die Zahlung am Tag ihrer Volljährigkeit erhalten hat, soll sie sich sofort ein Auto im Wert von 15 000 Euro kaufen. Danach wird sie keine weiteren Zahlungen von Heinz erhalten.

Stellen Sie Simones Zahlungsstrom beginnend mit ihrer Geburt in t = 0 auf und bestimmen Sie, wie viel Geld Ihr nach dem Autokauf für eine Geburtstagsparty bleibt.

b) Nehmen Sie nun an, dass Simone sich nicht an die Vorgaben ihres Großvaters hält und stattdessen ihr Geld zum Marktzinssatz bei einer Bank anlegt, dafür allerdings ab ihrem 16. Geburtstag jeweils 1 000 Euro für eine rauschende Party ausgibt. Bestimmen Sie erneut den Endwert (nach dem Autokauf am 18. Geburtstag) des Zahlungsstroms. Wie hoch ist der Barwert? Gehen Sie davon aus, dass der Marktzinssatz stets bei 10% p.a. liegt.

c) Wie ist aus Heinz Sicht der Barwert des Geschenks?

1.7.4 Aufgaben zu Abschnitt 1.6

Aufgabe 1.6.1

a) Eine Investition weise den Zahlungsstrom Z = {-90 000, 3 000, 6 000, 9 000, 90 000} auf. Die Zahlungen erfolgen jeweils jährlich am 22. Februar. Man berechne unter Annahme variierender Periodenzinssätze von (jeweils p.a.) 3% im ersten, 6% im zweiten, 9% im dritten und 1% im vierten Jahr den Kapital- und Endwert der Investition (t = 0 sei für den 22. Februar des ersten Jahres definiert).

b) Ist die Investition vorteilhaft?

c) Die Anfangsauszahlung erfolge nun 90 Tage vor dem 22. Februar. Der Zeitpunkt t = 0 sei weiterhin der 22. Februar und es gelte die Konvention 30/360. Nehmen Sie einen Zinssatz von 4% p.a. für den zusätzlich betrachteten Zeitraum an. Bestimmen Sie c.p. erneut den Kapital- und Endwert und die Vorteilhaftigkeit der Investition.

Aufgabe 1.6.2

Anleger Fuchs erbt an Sylvester 2007 von seiner Tante 100 000 Euro. Nach einer Phase tiefer Traurigkeit kümmert er sich am 01.01.2008 um die Anlage der Erbschaft. Die Anlage soll dabei maximal bis zum 01.01.2015 laufen, da er dann mit den Rückflüssen einen derzeit bestehenden Kredit auf sein Haus tilgen möchte. Seine Bank bietet ihm folgende Alternativen:

• Fuchs könnte die Anlage »Supersicher« für 80 000 Euro erwerben. Diese garantiert ihm bei einer Laufzeit von 5 Jahren eine sprunghafte Wertsteigerung in Höhe von 5 000 Euro jeweils zu Ende jedes Kalenderjahrs. Weiterhin würde er ab dem vierten Jahr jeweils am 01.07. des Jahres eine Dividende in Höhe von 3% des aktuellen Wertes der Anlage erhalten.

- Alternativ könnte Fuchs die Anlage »Spardichreich« wählen. Bei einer Laufzeit von 6 Jahren verspricht ihm diese eine jährliche Wertsteigerung von 7% jeweils zu Ende des Kalenderjahres. »Spardichreich« ist zu jeweils 15 000 Euro erhältlich, Fuchs könnte also sechs derartige Wertpapiere erwerben.
- Schließlich könnte Fuchs noch die Alternative »Patientia« wählen. Hierbei würde er am 01.01.2008 sein gesamtes Geld investieren und nach Ende der siebenjährigen Laufzeit das 1.5-fache zurück erhalten.
a) Stellen Sie zunächst für Fuchs die Zahlungsströme der drei möglichen Anlageformen auf. Nehmen Sie dabei an, dass Fuchs freies Kapital stets in seinem Kopfkissen versteckt.
b) Gehen Sie nun davon aus, dass Fuchs freies Kapital bei der Bank zu einem Zinssatz von 6% p.a. angelegt. Stellen Sie erneut die Zahlungsströme auf.
c) Berechnen Sie sowohl für die Variante »Kopfkissen« als auch für die Variante »Bank« für alle drei Anlageformen den Wert in $t = 0$ und $t = 7$. Gehen Sie dabei von einem Marktzinssatz von 6% p.a. aus.

Anhang 1A:
Tagzählung bei der Konvention 30/360

Bei Vorliegen der Konvention 30/360 und einer Anlage von »Datum 1« bis »Datum 2« gilt generell der Zusammenhang

$$\text{Zinstage} = [\text{Tag}(\text{Datum 2}) - \text{Tag}(\text{Datum 1})]$$
$$+ [\text{Monat}(\text{Datum 2}) - \text{Monat}(\text{Datum 1})] \cdot 30$$
$$+ [\text{Jahr}(\text{Datum 2}) - \text{Jahr}(\text{Datum 1})] \cdot 360.$$

(1A.1)

Als Beispiel betrachten wir eine Anlage vom 31.03.06 bis zum 12.07.11. Diese umfasst somit

$$[12 - 30] + [7 - 3] \cdot 30 + [11 - 6] \cdot 360 = 1\,902$$

Zinstage bzw. $1\,902/360 = 5.28333$ Jahre. (Hinweis: Tag (Datum 1) wurde aufgrund der im Haupttext zitierten Konvention auf 30 gesetzt.)

Anhang 1B: Exponentialfunktion

Eulersche Zahl

Die Zahl e (Eulersche Zahl)

(1B.1) $e = 2.71828\ 18284\ 59045\ 23536\ 02874\ 71352\ 66249\ 77572\ \ldots$

ist eine irrationale Zahl, d.h. sie lässt sich nicht als Quotient zweier natürlicher Zahlen darstellen. Die Zahl e ergibt sich als Grenzwert in diversen mathematischen Zusammenhängen. Zwei fundamentale Beispiele sind

(1B.2)
$$e = \lim_{n \to \infty} \left(1 + \frac{1}{n}\right)^n,$$

d.h., e ist der Grenzwert einer bestimmten Zahlenfolge und

(1B.3)
$$e = \sum_{k=0}^{\infty} \frac{1}{k!} = \lim_{n \to \infty} \sum_{k=0}^{n} \frac{1}{k!},$$

d.h., e ist das Resultat der Auswertung einer unendlichen Reihe. Dabei gilt $k! := 1 \cdot 2 \cdot 3 \cdot \ldots \cdot k$ (lies: k Fakultät) und $0! := 1$.

Es gilt somit
$$e = \frac{1}{0!} + \frac{1}{1!} + \frac{1}{2!} + \frac{1}{3!} + \frac{1}{4!} + \ldots$$
$$= \frac{1}{1} + \frac{1}{1} + \frac{1}{1 \cdot 2} + \frac{1}{1 \cdot 2 \cdot 3} + \frac{1}{1 \cdot 2 \cdot 3 \cdot 4} + \ldots$$
$$= 1 + 1 + \frac{1}{2} + \frac{1}{6} + \frac{1}{24} + \ldots .$$

Exponentialfunktion (e-Funktion)

In Verallgemeinerung von (1B.2) bzw. (1B.3) betrachten wir die *Exponentialfunktion* (e-Funktion), die definiert ist durch

(1B.4)
$$e^x = \lim_{n \to \infty} \left(1 + \frac{x}{n}\right)^n$$

bzw.

(1B.5)
$$e^x = \sum_{k=0}^{\infty} \frac{x^k}{k!} .$$

Eine zu e^x alternative Notation ist $\exp(x)$.

Es gilt somit

$$e^x = \frac{x^0}{0!} + \frac{x^1}{1!} + \frac{x^2}{2!} + \frac{x^3}{3!} + \frac{x^4}{4!} + \ldots$$

$$= 1 + x + \frac{x^2}{2} + \frac{x^3}{6} + \frac{x^4}{24} + \ldots .$$

Die Umkehrfunktion der e-Funktion ist der Logarithmus zur Basis e (na-   natürlicher
türlicher Logarithmus)   Logarithmus

(1B.6) $\ln x = \log_e x.$

Es gilt also

(1B.7) $\ln e^x = e^{\ln x} = x.$

Die vorstehenden Zusammenhänge sind zugleich der Ausgangspunkt für   Potenzfunktion
die Definition beliebiger Potenzen a^b, d.h. Potenzen, bei denen der Expo-
nent b nicht notwendigerweise eine natürliche Zahl n ist. Im Falle b = n
ist die traditionelle Definition

$$a^n = a \cdot \ldots \cdot a,$$

d.h. a wird n mal mit sich selbst multipliziert. Im Falle eines Exponenten
b, der keine natürliche Zahl ist, greift dieser Ansatz nicht. Hier definiert
man

(1B.8) $a^b := \exp[\ln(a^b)] = e^{b \ln a}.$

Der letzte Term der Gleichung ist wohldefiniert und damit ist eine (zu a^n
konsistente) Definition a^b gefunden.

Anhang 1C:
Binomische Formel und binomische Reihe

binomischer Lehrsatz

Der binomische Lehrsatz lautet:

$$(a+b)^n = \sum_{k=0}^{n} \binom{n}{k} a^{n-k} b^k$$

(1C.1)

$$= \binom{n}{0} a^n + \binom{n}{1} a^{n-1} b + \ldots + \binom{n}{n-1} a b^{n-1} + \binom{n}{n} b^n .$$

Binomialkoeffizient

Dabei ist der Binomialkoeffizient (lies: n über k) definiert durch

$$(1C.2) \qquad \binom{n}{k} := \frac{n(n-1)\cdot\ldots\cdot(n-k+1)}{1\cdot 2\cdot 3\cdot\ldots\cdot k} = \frac{n(n-1)\cdot\ldots\cdot(n-k+1)}{k!}.$$

Ferner wird festgesetzt, dass $\binom{n}{0} = \binom{n}{n} = 1$.

Beispielsweise gilt

$$\binom{6}{4} = \frac{6\cdot 5\cdot 4\cdot 3}{1\cdot 2\cdot 3\cdot 4} = 15 \quad .$$

Insbesondere gilt

$$(1C.3) \qquad (1+x)^n = 1 + nx + \frac{n(n-1)}{2} x^2 + \ldots + x^n.$$

Da alle Koeffizienten größer als null sind, gilt insbesondere die im Haupttext verwendete Abschätzung

$$(1C.4) \qquad (1+x)^n > 1+nx .$$

binomische Reihe

Eine Verallgemeinerung der Beziehung (1C.3) auf beliebige Exponenten α (die nicht notwendigerweise natürliche Zahlen sind), beinhaltet die binomische Reihe. Hierbei gilt für $-1 < x < 1$ die folgende Reihendarstellung

$$(1C.5) \quad (1+x)^\alpha = \sum_{k=0}^{\infty} \binom{\alpha}{k} \cdot x^k = 1 + \alpha\cdot x + \binom{\alpha}{2} \cdot x^2 + \binom{\alpha}{3} \cdot x^3 + \ldots,$$

wobei $\binom{\alpha}{k} := \dfrac{\alpha \cdot (\alpha - 1) \cdot \ldots \cdot (\alpha - k + 1)}{k!}$ der verallgemeinerte Binomi-   verallgemeinerter Binominalkoeffizient

alkoeffizient ist.

Durch Abbruch dieser Reihe nach dem zweiten Glied ergibt sich die im Haupttext verwendete Approximation

(1C.6) $$(1 + x)^{\alpha} \approx 1 + \alpha x.$$

Anhang 1D:
Reihendarstellung des natürlichen Logarithmus

Allgemein gilt für $-1 < x < 1$ die folgende Darstellung als (alternierende) Reihe   Logarithmus

(1D.1) $$\ln(1 + x) = \sum_{n=1}^{\infty} \frac{(-1)^{n-1}}{n} x^n = x - \frac{x^2}{2} + \frac{x^3}{3} - \frac{x^4}{4} + \ldots.$$

Durch Abbruch nach dem ersten Glied erhält man hieraus die im Haupttext verwendete Approximation

(1D.2) $$\ln(1 + x) \approx x.$$

2 Renten- und Tilgungsrechnung

2.1 Rentenrechnung

Unter einer (*Zeit-*)*Rente* versteht man allgemein regelmäßige Zahlungen, die in gleichen Zeitabständen erfolgen und über einen festen Zeitraum laufen. Bei Zahlungen zu Periodenbeginn wird die Rente *vorschüssig* (*pränumerando*) genannt, bei Zahlungen am Periodenende spricht man von *nachschüssiger* (*postnumerando*) Rente. Das Konstrukt einer *ewigen Rente* entspricht einer unbegrenzten Zahl von Zahlungsperioden.

Zeitrente

Die Basisform einer Rente sind gleich hohe Rentenzahlungen (*Annuitäten*), daneben gibt es auch Rentenformen mit systematisch (z.B. arithmetisch oder geometrisch) wachsenden bzw. fallenden Zahlungen (*dynamische Renten*). Weitere Varianten erhält man bei Betrachtung *unterjähriger Rente* (allgemein: Rentenperiode kleiner Zinsperiode) sowie variierender Zinssätze.

Rentenformen

Wir konzentrieren uns im Weiteren zunächst auf die nachschüssige Rente in Annuitätenform. Dabei wird eine Rente der Höhe R zu den Zeitpunkten t = 1, ..., T bezahlt. Eine entsprechende Illustration enthält Abbildung 2.1.

nachschüssige Rente in Annuitätenform

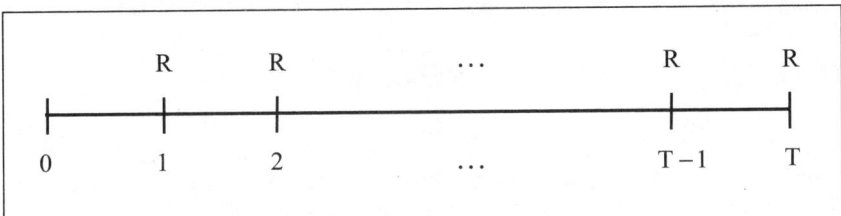

Abb. 2.1: Nachschüssige Rente in Annuitätenform

Unter Benutzung der in Anhang 2A enthaltenen Ausführungen über die geometrische Summe s_t ergibt sich der Endwert der nachschüssigen Rente auf Basis der in Abbildung 2.2 dargestellten Aufzinsungsüberlegung zu

$$(2.1) \qquad R \cdot (q^{T-1} + ... + q + 1) = R \cdot (1 + q + ... + q^{T-1}) = R \cdot s_T.$$

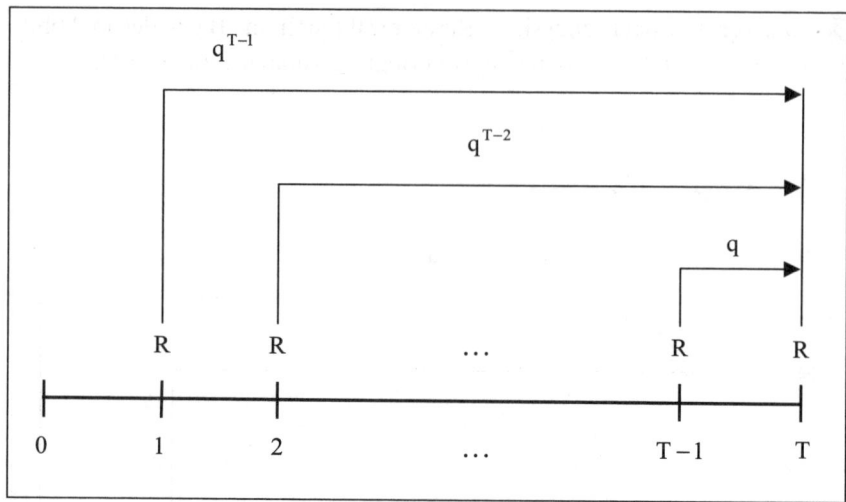

Abb. 2.2: Endwertbildung bei der nachschüssigen Rente

Rentenendwertfaktor,
Rentenendwert

Die geometrische Summe

(2.2)
$$s_t = \frac{1-q^t}{1-q} = \frac{q^t-1}{q-1} = \frac{q^t-1}{r} = REF(r,t)$$

wird dabei im finanzmathematischen Kontext als (nachschüssiger) *Rentenendwertfaktor* REF(r, t) bezeichnet. Der Endwert der nachschüssigen Rente (*nachschüssiger Rentenendwert*) über T Perioden ist somit

(2.3)
$$R \cdot REF(r,T).$$

Beispiel 2.1: Endwert jährlich nachschüssige Rente

Betrachtet werde eine gleich hohe jährlich nachschüssige Rente der Höhe EUR 4 000 über 8 Jahre bei einem Zinssatz von r = 4.25%.

$$REF(0.0425,8) = \frac{(1.0425)^8 - 1}{0.0425} = \frac{0.39511}{0.0425} = 9.29671$$

Rentenendwert:

$$4\,000 \cdot REF(0.0425,8) = 4\,000 \cdot (9.29671) = 37\,186.84 \cdot$$

Der Barwert der nachschüssigen Rente ergibt sich auf Basis der in Abbildung 2.3 dargestellten Abzinsungsüberlegung zunächst zu ($v = 1/q$):

(2.4) $$R \cdot (q^{-1} + \ldots + q^{-T}) = R \cdot (v + \ldots + v^{T}) .$$

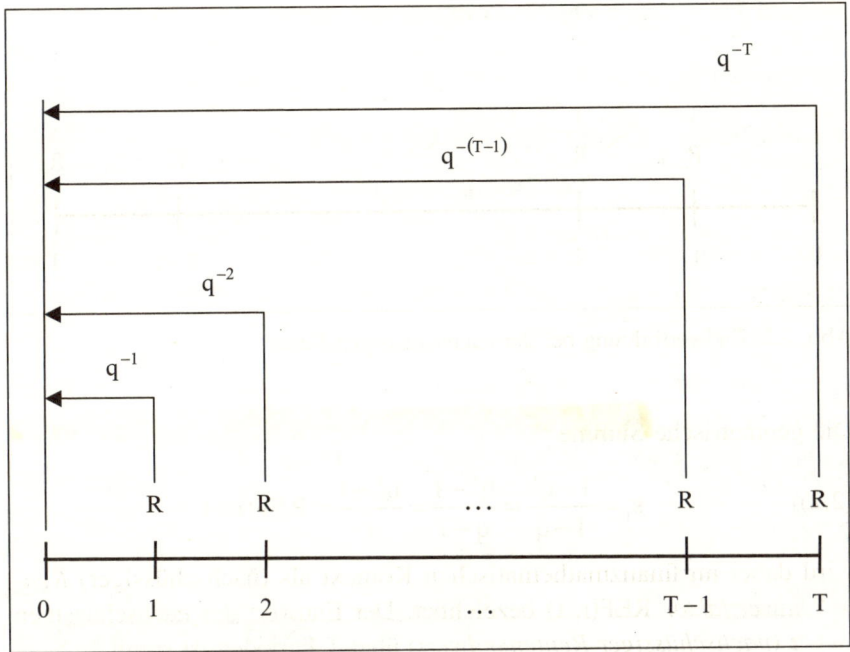

Abb. 2.3: Barwertbildung bei der nachschüssigen Rente

Aufgrund der in Abschnitt 1.6 dargestellten Zusammenhänge zwischen Barwert und Endwert ergibt sich der *Rentenbarwertfaktor* RBF(r, t) durch entsprechende Diskontierung des Rentenendwertfaktors. Im Einzelnen gilt:

Rentenbarwertfaktor, Rentenbarwert

(2.5) $$RBF(r,t) = \frac{REF(r,t)}{q^t} = \frac{q^t - 1}{q^t \cdot (q-1)} = \frac{1-q^{-t}}{r} = \frac{1}{r} \cdot \left(1 - \frac{1}{q^t}\right) .$$

Der Barwert einer nachschüssigen Rente (*nachschüssiger Rentenbarwert*) über T Perioden ist somit

(2.6) $$R \cdot RBF(r,T) = R \cdot REF(r,T) \cdot q^{-T} .$$

In Termen der Größe v erhalten wir unter Benutzung der geometrischen Summe die folgende alternative Darstellung des Rentenbarwertfaktors:

$$(2.7) \quad \begin{aligned} RBF(v,T) &= v + \ldots + v^T = 1 + v + \ldots + v^T - 1 \\ &= \frac{v^{T+1} - 1}{v - 1} - 1 = \frac{v^{T+1} - v}{v - 1} = \frac{v(v^T - 1)}{v - 1} \, . \end{aligned}$$

Beispiel 2.2: Barwert jährlich nachschüssige Rente

Man berechne den Rentenbarwert der Rente aus Beispiel 2.1!
Es gilt:

$$\begin{aligned} \text{Rentenbarwert} \quad &= 4\,000 \cdot REF(0.0425, 8) \cdot (1.0425)^{-8} \\ &= 37\,186.84 \cdot (0.7167893) \\ &= 26\,655.13 \end{aligned}$$

Kontrolle: $26\,655.13 \cdot (1.0425)^8 = 26\,655.13 \cdot (1.3951102) = 37\,186.84$.

---

vorschüssige Rente in Annuitätenform

Wenden wir uns nun der vorschüssigen Rente in Annuitätenform zu. Dabei wird eine Rente der Höhe R zu den Zeitpunkten t = 0, 1, ..., T−1 bezahlt. Eine entsprechende Illustration enthält Abbildung 2.4.

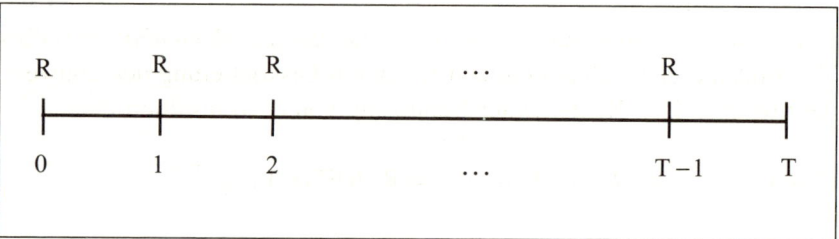

Abb. 2.4: Vorschüssige Rente in Annuitätenform

Der Endwert der vorschüssigen Rente (*vorschüssiger Rentenendwert*) ergibt sich durch eine zu Abbildung 2.2 analoge Aufzinsungsüberlegung und einem Vergleich mit (2.1) und (2.2) zu

$$(2.8) \quad \begin{aligned} R \cdot (q^T + \ldots + q^2 + q) &= R \cdot (q^{T-1} + \ldots + q + 1) \cdot q \\ &= R \cdot REF(r, T) \cdot q \, . \end{aligned}$$

vorschüssiger Rentenendwert

Der Endwert der vorschüssigen Rente beträgt somit das q-fache des Endwerts der nachschüssigen Rente. Dies ist auch unmittelbar einsichtig, da jede einzelne Rentenzahlung der vorschüssigen Rente bei der Endwertbildung einer zusätzlichen einperiodigen Aufzinsung im Vergleich zur nachschüssigen Rente unterliegt. Dieser Zusammenhang wird in Abbildung 2.5 schematisch für den Fall einer einzelnen Rentenzahlung illustriert.

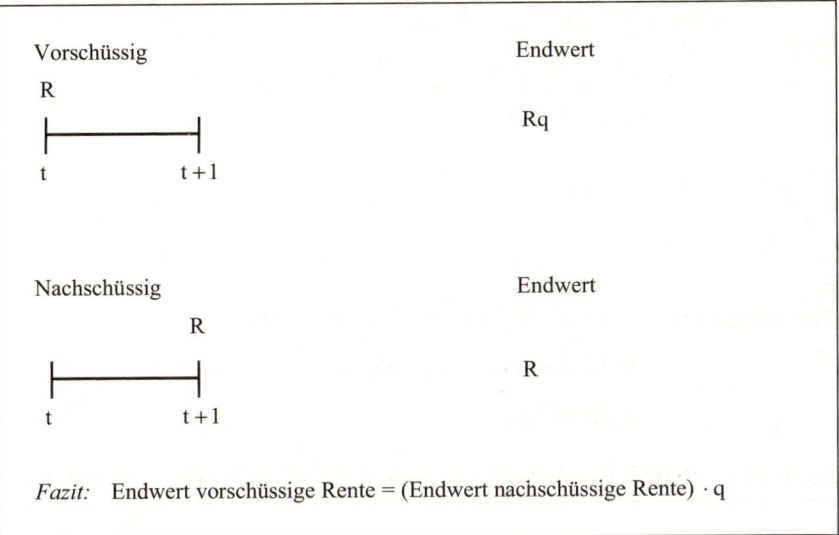

Abb. 2.5: Zusammenhang zwischen den Endwerten der vor- und der
nachschüssigen Rente

Der Barwert der vorschüssigen Rente (*vorschüssiger Rentenbarwert*) über   vorschüssiger
T Perioden ergibt sich am einfachsten durch Diskontierung des Endwerts   Rentenbarwert
der vorschüssigen Rente. Unter Benutzung von (2.8) resultiert dann

(2.9a) $R \cdot REF(r, T) \cdot q \cdot q^{-T} = R \cdot REF(r, T) \cdot q^{-(T-1)}$

bzw. alternativ unter Verwendung des Rentenbarwertfaktors

(2.9b) $R \cdot RBF(r, T) \cdot q$.

Der Barwert der vorschüssigen Rente beträgt somit ebenfalls das q-fache
des Barwerts der nachschüssigen Rente. Dieser Zusammenhang wird in
Abbildung 2.6 für den Fall einer einzelnen Rentenzahlung illustriert.

In Termen der Größe v = 1/q ergibt sich auf Basis der geometrischen
Summe alternativ für den Barwert der vorschüssigen Rente über T Perioden

(2.9c) $R\,(1 + v + ... + v^{T-1}) = R\,\dfrac{v^{T} - 1}{v - 1}$.

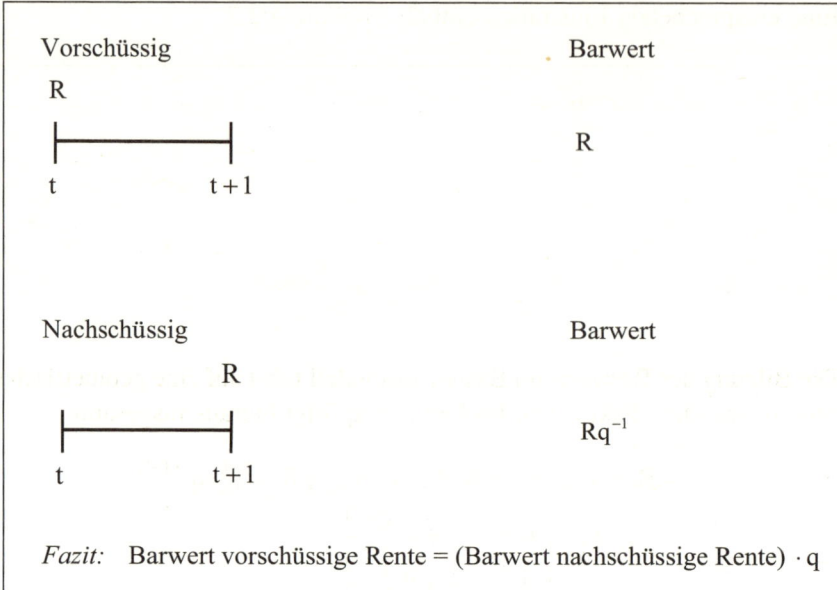

Abb. 2.6: Zusammenhang zwischen den Barwerten der vor- und nachschüssigen
           Rente

Beispiel 2.3: Barwert jährlich vorschüssige Rente

Man bestimme den Barwert einer gleich hohen vorschüssigen Rente der Höhe
EUR 4 000 über 8 Jahre und Zinssatz r = 4.25%.
Es gilt (unter Benutzung des Endwerts aus Beispiel 2.1):

$$4\,000 \cdot \text{REF}(0.0425, 8) \cdot (0.0425)^{-7} = 37\,186.84 \cdot \frac{1}{(0.0425)^7}$$
$$= 37\,186.84 \cdot (0.7472528)$$
$$= 27\,787.97.$$

dynamische Rente

Bisher haben wir nur Renten in Annuitätenform betrachtet. Wenden wir
uns nun beispielhaft einer dynamischen Rentenvariante, der geometrisch
wachsenden vorschüssigen Rente zu. Hierbei wird eine vorschüssige Rente
zu den Zeitpunkten $t = 0, 1, \ldots, T-1$ gezahlt. Die anfängliche Rente beträgt
R, die darauf folgenden Rentenzahlungen wachsen mit einem Faktor von
$100\,h$ %, $0 < h < 1$ (beispielsweise ist für $h = 0.05$ der Steigerungssatz
5%). Definieren wir $c = 1 + h$, so gilt für den resultierenden Zahlungsstrom
mithin:

$$z_0 = R, \; z_1 = R \cdot c, \; z_2 = R \cdot c^2, \; \ldots, \; z_{T-1} = R \cdot c^{T-1}$$

Eine entsprechende Illustration enthält Abbildung 2.7.

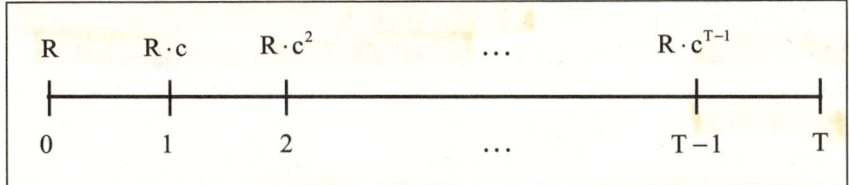

Abb. 2.7: Geometrisch wachsende vorschüssige Rente

Die Bildung des Barwerts im Basis-Zinsmodell führt auf eine geometrische Summe mit dem Faktor c/q. Im Fall $c \neq q$ folgt hieraus insgesamt

$$R + R \cdot c \cdot q^{-1} + R \cdot c^2 \cdot q^{-2} + ... + R \cdot c^{T-1} \cdot q^{-(T-1)}$$

(2.10)
$$= R \cdot \left[1 + \left(\frac{c}{q} \right) + ... + \left(\frac{c}{q} \right)^{T-1} \right]$$

$$= R \cdot \frac{\left(\frac{c}{q} \right)^{T} - 1}{\left(\frac{c}{q} \right) - 1} = R \cdot \frac{1}{q^{T-1}} \cdot \frac{c^T - q^T}{c - q} .$$

Im Fall $c = q$ ergibt sich der Barwert entsprechend zu $R \cdot T$.

Beispiel 2.4: Barwert geometrisch wachsende jährlich vorschüssige Rente

Betrachtet werde wiederum die Rente aus Beispiel 2.3, nun aber mit Steigerungsrate 2.75%. Damit gilt zunächst $c/q = 1.0275/1.0425 = 0.98561151$.
   Der Rentenbarwert der geometrisch wachsenden Rente ergibt sich damit zu

$$4\,000 \cdot \frac{(0.98561151)^8 - 1}{0.98561151 - 1} = 4\,000 \cdot \frac{0.8905250 - 1}{0.98561151 - 1}$$

$$= 4\,000 \cdot \frac{0.1094750}{0.01438849} = 4\,000 \cdot (7.60851) = 30\,434.04 .$$

Im Vergleich hierzu war der Barwert der nicht-dynamisierten Rente (man vergleiche hierzu Beispiel 2.3) 27 787.97.

---

unterjährige Rente

Bei den bisher betrachteten Rentenvarianten war die Rentenperiode stets gleich der Zinsperiode, d.h. gleich einem Jahr. Im Folgenden analysieren wir exemplarisch den Fall einer unterjährigen vorschüssigen Rente auf Monatsbasis. Die Rente der Höhe R werde dabei vorschüssig am Monatsanfang gezahlt und dies über T Monate, der Per Annum-Zinssatz betrage einheitlich r.

Da die Rentenzahlungen auf Monatsbasis stattfinden und entsprechend mit einem Monatszins auf- bzw. abgezinst werden müssen, stellt sich zunächst die Frage nach dem äquivalenten Monatszins r_M bzw. dem äquivalenten monatlichen Aufzinsungsfaktor q_M. Hierbei muss gelten:

$$q_M^{12} = (1 + r_M)^{12} = 1 + r = q \cdot$$

Hieraus ergeben sich unmittelbar die Beziehungen

(2.11a) $$q_M = q^{1/12} = \sqrt[12]{q}$$

und

(2.11b) $$r_M = q_M - 1 = q^{1/12} - 1 \, .$$

Unter Benutzung des allgemeinen Ausdrucks (2.9a) für den Rentenbarwert einer vorschüssigen Rente ergibt sich damit entsprechend für den Rentenbarwert der vorschüssigen Rente auf Monatsbasis für eine Rentenbezugsdauer von T Monaten

(2.12a) $$R \cdot REF(r_M, T) \cdot q_M^{-(T-1)} \, .$$

Entsprechend ergibt sich in Termen des Rentenbarwertfaktors

(2.12b) $$R \cdot RBF(r_M, T) \cdot q_M \, .$$

Im Kern bleiben somit die Ausdrücke für die Barwertbestimmung (und analog natürlich auch für die Endwertbestimmung) unverändert, es muss nur der Periodenzins in geeigneter Weise gewählt werden.

Beispiel 2.5

Welche monatlich vorschüssige Rente R_M ist – bei Annahme eines Per-Annum-Zinssatzes von 5 % – äquivalent zu einer jährlich nachschüssigen Rente R der Höhe EUR 5 000?

Zunächst bestimmt sich der äquivalente Aufzinsungsfaktor zu

$$q_M = \sqrt[12]{1.05} = (1.05)^{1/12} = 1.0040741,$$

d.h., der äquivalente Zinssatz auf Monatsbasis ist

$$r_M = q_M - 1 = 0.0040741 \ [0.40741\%].$$ ⟵ *äquivalente Zinssatz auf Monatsbasis*

Nun gilt weiter (Achtung: hier sind alternative Vorgehensweisen möglich, nachfolgend bestimmen wir R_M so, dass sich auf Jahresbasis eine äquivalente Rente ergibt):

$$5\,000 = R_M \cdot (q_M^{12} + q_M^{11} + \ldots + q_M) = R_M \cdot (q_M^{11} + \ldots + 1) \cdot q_M = R_M \cdot \frac{q_M^{12} - 1}{q_M - 1} \cdot q_M.$$

Hieraus resultiert insgesamt:

$$R_M = 5\,000 \cdot \frac{(q_M - 1)}{q_M \cdot (q - 1)} = 5\,000 \cdot \frac{r_M}{q_M \cdot r}$$

$$= 5\,000 \cdot \frac{(0.0040741)}{(1.0040741) \cdot 0.05}$$

$$= 5\,000(0.081151) = 405.76 \,.$$

Im Unterschied hierzu würde eine Zwölftelung (d.h. unter Vernachlässigung von Zinseszinseffekten) der jährlichen Rente $5\,000/12 = 5\,000 \cdot (0.083333) = 416.67$ ergeben.

Abschließend betrachten wir den Fall einer aufgeschobenen Rente der Höhe R mit T Jahren Aufschubzeit und n Jahren vorschüssiger Rentenzahlung. Die Grundsituation wird zunächst in Abbildung 2.8 illustriert.

aufgeschobene Rente

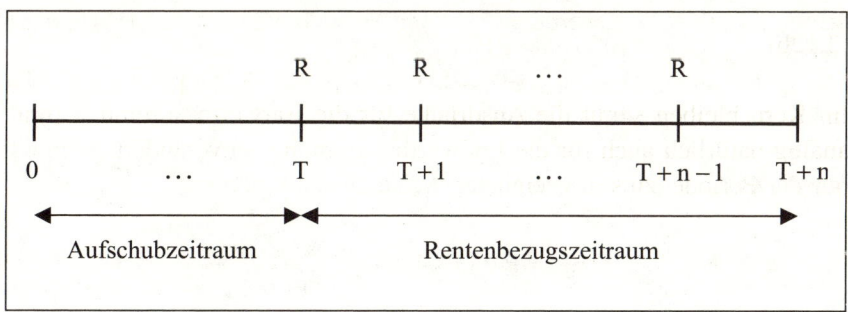

Abb. 2.8: Aufgeschobene Rente

Zum Zeitpunkt t = 0 werde nun ein Einmalbetrag EB zum Zinssatz r (Basis-Zinsmodell) angelegt, der diese vorschüssige Rente finanzieren soll. Welche Höhe muss dieser Einmalbeitrag unter den genannten Voraussetzungen aufweisen?

Wir gehen hierzu zweistufig vor. Zunächst bestimmt sich der Barwert der Rente zum Zeitpunkt T zu

$$R \cdot RBF(r,n) \cdot q = R \cdot REF(r,n) \cdot q^{-(n-1)}.$$

In einem zweiten Schritt zinsen wir diesen Wert auf den Zeitpunkt t = 0 ab und erhalten den Barwert der Rente in 0 zu

$$R \cdot RBF(r,n) \cdot q \cdot q^{-T} = R \cdot REF(r,n) \cdot q^{-(n-1)} \cdot q^{-T}.$$

Damit ergibt sich insgesamt

$$(2.13) \quad EB = R \cdot RBF(r,n) \cdot q^{-(T-1)} = R \cdot REF(r,n) \cdot q^{-(T+n-1)}.$$

Ein alternativer Lösungsweg würde darin bestehen, den aufgezinsten Wert des Einmalbetrags in T zu betrachten und zu fordern, dass $EB \cdot q^T$ dem Rentenbarwert in T entsprechen muss.

kalkulatorisches Äquivalenzprinzip

Die dargestellte Vorgehensweise entspricht der Anwendung des *kalkulatorischen Äquivalenzprinzips*, der Anwendung des finanzmathematischen Äquivalenzprinzips auf Fragen der Kalkulation (Beitragsbestimmung).

Beispiel 2.6: Kalkulation aufgeschobene Rente

Wir führen das Beispiel 2.3 fort (vorschüssige Rente von EUR 4 000 über 8 Jahre und Zinssatz 4.25 %). Die Rente sei erst nach einer Aufschubzeit von 20 Jahren zu zahlen und werde durch einen Einmalbetrag finanziert. Wie hoch ist der notwendige Einmalbetrag?

Der Barwert BW zu Beginn der Rentenzahlung ist zunächst (vergleiche Beispiel 2.3) gegeben durch BW = 27 787.97.

Damit folgt:

$$EB = BW(1.0425)^{-20} = \frac{27\,787.97}{(1.0425)^{20}}$$

$$= \frac{27\,787.97}{2.2989063} = 12\,087.47.$$

Abschließend geben wir noch einmal eine systematische Übersicht über die Zusammenhänge zwischen den Bar- und Endwerten in vor- und nachschüssiger Form der vorstehend behandelten Varianten einer Rentenzahlung.

systematische Übersicht

I. Rentenhöhe R, jährlicher Aufzinsungsfaktor q, Laufzeit T Jahre, eine Rentenzahlung pro Jahr

$$EW_{nachschüssig} = R \cdot \frac{q^T - 1}{q - 1}$$

$$\begin{array}{c} : q^T \\ \rightarrow \\ \leftarrow \\ \cdot q^T \end{array}$$

$$BW_{nachschüssig} = R \cdot \frac{q^T - 1}{q - 1} \cdot q^{-T}$$

$\cdot q \downarrow \quad \uparrow : q$ $\qquad\qquad\qquad\qquad$ $\cdot q \downarrow \quad \uparrow : q$

$$EW_{vorschüssig} = R \cdot \frac{q^T - 1}{q - 1} \cdot q$$

$$\begin{array}{c} : q^T \\ \rightarrow \\ \leftarrow \\ \cdot q^T \end{array}$$

$$BW_{vorschüssig} = R \cdot \frac{q^T - 1}{q - 1} \cdot q^{-T+1}$$

II. Rentenhöhe R, jährlicher Aufzinsungsfaktor q, Laufzeit T Perioden, m Rentenzahlungen pro Jahr

$$EW_{nachschüssig} = R \cdot \frac{q^{T/m} - 1}{q^{1/m} - 1}$$

$$\begin{array}{c} : q^{T/m} \\ \rightarrow \\ \leftarrow \\ \cdot q^{T/m} \end{array}$$

$$BW_{nachschüssig} = R \cdot \frac{q^{T/m} - 1}{q^{1/m} - 1} \cdot q^{-T/m}$$

$\cdot q^{1/m} \downarrow \quad \uparrow : q^{1/m}$ $\qquad\qquad$ $\cdot q^{1/m} \downarrow \quad \uparrow : q^{1/m}$

$$EW_{vorschüssig} = R \cdot \frac{q^{T/m} - 1}{q^{1/m} - 1} \cdot q^{1/m}$$

$$\begin{array}{c} : q^{T/m} \\ \rightarrow \\ \leftarrow \\ \cdot q^{T/m} \end{array}$$

$$BW_{vorschüssig} = R \cdot \frac{q^{T/m} - 1}{q^{1/m} - 1} \cdot q^{(-T+1)/m}$$

III. Anfängliche Rentenhöhe R, geometrisch wachsend mit jährlichem Wachstumsfaktor c, jährlicher Aufzinsungsfaktor q, Laufzeit T Jahre, eine Rentenzahlung pro Jahr

$$EW_{nachschüssig} = R \cdot \frac{q^T - c^T}{q - c}$$

$$\begin{array}{c} : q^T \\ \rightarrow \\ \leftarrow \\ \cdot q^T \end{array}$$

$$BW_{nachschüssig} = R \cdot \frac{q^T - c^T}{q - c} \cdot q^{-T}$$

$\cdot q \downarrow \quad \uparrow : q$ $\qquad\qquad\qquad\qquad$ $\cdot q \downarrow \quad \uparrow : q$

$$EW_{vorschüssig} = R \cdot \frac{q^T - c^T}{q - c} \cdot q$$

$$\begin{array}{c} : q^T \\ \rightarrow \\ \leftarrow \\ \cdot q^T \end{array}$$

$$BW_{vorschüssig} = R \cdot \frac{q^T - c^T}{q - c} \cdot q^{-T+1}$$

IV. Anfängliche Rentenhöhe R, geometrisch wachsend mit jährlichem Wachstumsfaktor c, jährlicher Aufzinsungsfaktor q, Laufzeit T Perioden, m Rentenzahlungen pro Jahr

$$EW_{nachschüssig} = R \cdot \frac{q^{T/m} - c^{T/m}}{q^{1/m} - c^{1/m}}$$

$$: q^{T/m}$$
$$\rightarrow$$
$$\leftarrow$$
$$\cdot q^{T/m}$$

$$BW_{nachschüssig} = R \cdot \frac{q^{T/m} - c^{T/m}}{q^{1/m} - c^{1/m}} \cdot q^{-T/m}$$

$$\cdot q^{1/m} \downarrow \quad \uparrow : q^{1/m}$$

$$\cdot q^{1/m} \downarrow \quad \uparrow : q^{1/m}$$

$$EW_{vorschüssig} = R \cdot \frac{q^{T/m} - c^{T/m}}{q^{1/m} - c^{1/m}} \cdot q^{1/m}$$

$$: q^{T/m}$$
$$\rightarrow$$
$$\leftarrow$$
$$\cdot q^{T/m}$$

$$BW_{vorschüssig} = R \cdot \frac{q^{T/m} - c^{T/m}}{q^{1/m} - c^{1/m}} \cdot q^{(-T+1)/m}$$

2.2 Tilgungsrechnung

Tilgungsrechnung, Tilgungsformen

Gegenstand der Tilgungsrechnung ist die Bestimmung der Rückzahlungsraten für einen aufgenommenen Kapitalbetrag (Kredit, Darlehen, Hypothek) einschließlich der vereinbarten Zinsen. Hauptformen der Tilgung sind dabei:

- die Ratentilgung (konstante Tilgungsraten)
- die Annuitätentilgung (konstante Summe aus Zins und Tilgung)
- die Zinsschuldtilgung (periodische Zinszahlungen, endfällige Gesamttilgung).

Varianten ergeben sich durch Modalitäten der Zinsberechnung (Fristigkeit, Vor-/Nachschüssigkeit, taggenaue Zinsverrechnung oder lineare Zinsapproximation) und der Tilgungsraten (Fristigkeiten).

Annuitätentilgung

Wir konzentrieren uns im Weiteren auf den Basisfall einer Annuitätentilgung. Dabei gehen wir von folgenden Annahmen aus:

- Zahlungsperiode = Zinsperiode = 1 Jahr
- Anzahl Rückzahlungsperioden: T Jahre
- Nachschüssige Zinsberechnung und Annuitäten.

Ferner vereinbaren wir die folgenden Notationen ($t = 1, …, T$):

S_0 : Kreditbetrag, Anfangsschuld
RS_t : Restschuld am Ende der Periode t
r : vereinbarter Zinssatz p.a.; $q = 1 + r$
Z_t : Zins der Periode t
T_t : Tilgung der Periode t
A_t : Annuität der Periode t; $A_t = T_t + Z_t$; $A_t = A$.

Die äquivalente (nachschüssige) Annuität lässt sich dann durch zwei alternative Ansätze bestimmen. Im ersten Ansatz gehen wir von dem Prinzip »Barwert Schuld = Barwert Annuität« aus, d.h. wir fordern

$$S_0 = A \cdot RBF(r,T) = A \cdot \frac{q^T - 1}{q^T \cdot (q-1)}.$$

Durch Auflösung nach A ergibt sich hieraus

$$(2.14) \qquad A = S_0 \cdot \frac{q^T \cdot (q-1)}{q^T - 1} = S_0 \cdot KWF(r,T).$$

Der *Kapitalwiedergewinnungsfaktor* KWF (auch: *Annuitätenfaktor*, *Verrentungsfaktor*) ist dabei die reziproke Größe des Rentenbarwertfaktors. Das Produkt aus anfänglicher Schuld und Kapitalwiedergewinnungsfaktor wird auch als Kapitaldienst bezeichnet.

Im zweiten Ansatz folgen wir dem Prinzip »Endwert Schuld = Endwert Annuität«, d.h. fordern

$$S_0 \cdot q^T = A \cdot REF(r,T) = A \cdot \frac{q^T - 1}{q-1}.$$

Durch Auflösung nach A ergibt sich hieraus

$$(2.15) \qquad A = (S_0 \cdot q^T) \cdot \frac{q-1}{q^T - 1} = S_0 \cdot q^T \cdot RVF(r,T).$$

Der *Restwertverteilungsfaktor* RVF ist entsprechend die reziproke Größe des Rentenendwertfaktors. Unabhängig von Ansatz 1 oder 2 ergibt sich dabei eine identische Annuität.

(Randnotiz: äquivalente Annuität)

(Randnotiz: Kapitalwiedergewinnungsfaktor)

(Randnotiz: Restwertverteilungsfaktor)

Beispiel 2.7: Annuität

Ein Kreditbetrag in Höhe von EUR 70 000 soll nach 7 Jahren bei Vereinbarung einer Verzinsung von 4.25% getilgt sein. Wie hoch ist die zugehörige Annuität?

Es gilt:

$$A = 70\,000 \cdot \frac{(1.0425)^7 \cdot (0.0425)}{(1.0425)^7 - 1} = 70\,000 \cdot (0.1681522) = 11\,770.65.$$

Tilgungsplan

Quantifizierung

Wir wenden uns nun der Quantifizierung des *Tilgungsplans* zu, d.h. der Bestimmung des Verlaufs der Restschuld sowie der Zins- und Tilgungszahlungen. Wir gehen dabei vom Ansatzpunkt aus, dass die Restschuld sich als Differenz von aufgezinster Schuld und (aufgezinsten) bereits gezahlten Annuitäten ergibt, d.h. es gilt unter Verwendung der geometrischen Summe sowie (2.14)

$$RS_t = S_0 \cdot q^t - A \cdot (q^{t-1} + \ldots + q + 1)$$

(2.16)

$$= S_0 \cdot q^t - S_0 \cdot \frac{q^T \cdot (q-1)}{q^T - 1} \cdot \frac{q^t - 1}{q - 1}$$

$$= S_0 \cdot \left[q^t - \frac{q^T \cdot (q^t - 1)}{q^T - 1} \right] = \frac{S_0}{q^T - 1} \cdot [q^t \cdot (q^T - 1) - q^T \cdot (q^t - 1)]$$

$$= S_0 \cdot \frac{q^T - q^t}{q^T - 1}.$$

Insbesondere resultiert hieraus $RS_0 = S_0$ sowie $RS_T = 0$.

Für die periodischen Zinszahlungen ergibt sich hieraus

(2.17) $$Z_t = r \cdot RS_{t-1} = S_0 \cdot \frac{(q^T - q^{t-1}) \cdot (q-1)}{q^T - 1}$$

und für die periodischen Tilgungszahlungen

(2.18)
$$T_t = A - Z_t$$
$$= \frac{S_0}{q^T - 1} \cdot \left[q^T \cdot (q-1) - (q^T - q^{t-1}) \cdot (q-1) \right]$$
$$= S_0 \cdot \frac{q^{t-1} \cdot (q-1)}{q^T - 1}.$$

Im Kern laufen die Ergebnisse (2.17) und (2.18) auf eine Zerlegung des Faktors q^T gemäß (2.14) in der Form $q^T = q^{t-1} + (q^T - q^{t-1})$ hinaus.

Beispiel 2.8: Tilgungsplan

Bestimmen Sie den Tilgungsplan auf der Basis des Kredits aus Beispiel 2.7!

$T_t = A_t - Z_t$ $RS_T = S_0 - A_t$

t	S_0, RS_{t-1}	Z_t	T_t	A_t	RS_t
1	70 000.00	2 975	8 795.65	11 770.65	61 204.35
2	61 204.35	2 601.18	9 169.47	11 770.65	52 034.87
3	52 034.87	2 211.48	9 559.17	11 770.65	42 475.70
4	42 475.70	1 805.22	9 965.44	11 770.65	32 510.26
5	32 510.26	1 381.69	10 388.97	11 770.65	22 121.30
6	22 121.30	940.16	10 830.50	11 770.65	11 290.80
7	11 290.80	479.86	11 290.80	11 770.65	0.00
Σ		12 394.59	70 000.00	82 394.55	

Die Entwicklung der Zins- und Tilgungszahlungen in Beispiel 2.8 wird illustriert in Abbildung 2.9.

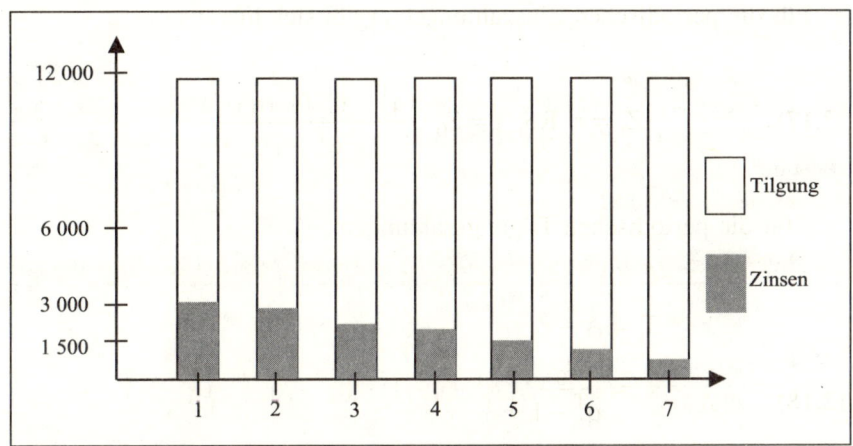

Abb. 2.9: Entwicklung der Zins- und Tilgungszahlungen

Wenden wir uns abschließend noch der Bestimmung der erforderlichen *Kreditlaufzeit* T zu, d.h. gesucht ist die Größe T bei Vorgabe der Größen S_0, A und R.

Kreditlaufzeit

Zunächst gilt gemäß (2.14)

$$A = S_0 \cdot \frac{q^T \cdot (q-1)}{q^T - 1} = \frac{S_0 \cdot r}{1 - q^{-T}} \cdot$$

Die Auflösung nach T erfolgt dann mittels der folgenden Umformungen:

$$A - A \cdot q^{-T} = S_0 \cdot r$$

$$q^T = \frac{A}{A - S_0 \cdot r}$$

$$T \cdot \ln q = \ln A - \ln(A - S_0 \cdot r) \cdot$$

(handschriftlich am Rand:) nachschüssi...

$$T = \frac{\ln(A \cdot q) - \ln(A \cdot q}{\ln q}$$

Hieraus resultiert schließlich insgesamt:

(2.19) $$T = \frac{\ln A - \ln(A - S_0 \cdot r)}{\ln q} .$$

Die Problematik dieses Ergebnisses besteht darin, dass das entsprechende Resultat für die Laufzeit T nicht zwangsläufig ganzzahlig sein muss. Die Lösung dieser Problematik beruht in der Vornahme einer Sonderschlusszahlung.

Beispiel 2.9

Für einen Kreditbetrag von EUR 75 000 ist bei einem Zinssatz von 6.25% Zins eine jährliche Annuität von EUR 5 437.50 vereinbart (6.25% Zinsen + 1% anfängliche Tilgung = 4 687.50 + 750). In welcher Zeit ist das Darlehen vollständig getilgt?

Gemäß (2.19) gilt:

$$T = \frac{\ln(5\,437.50) - \ln(5\,437.50 - 0.0625 \cdot 75\,000)}{\ln(1.0625)} = \frac{\ln(5\,437.50) - \ln(750)}{\ln(1.0625)}$$

$$= \frac{8.60107 - 6.62007}{0.06062} = 32.68.$$

Nach 32 Jahren ist der Restkreditbetrag gegeben durch:

$$S_{32} = 75\,000 \cdot (1.0625)^{32} - 5\,437.50 \cdot \frac{(1.0625)^{32} - 1}{0.0625}$$

$$= 75\,000 \cdot (6.9586668) - 5\,437.50 \cdot (95.338668)$$

$$= 521\,900.01 - 518\,404.01 = 3\,496 .$$

Die erforderliche Restzahlung am Ende von Jahr 33 beträgt somit:

$$3\,496 \cdot (1.0625) = 3\,714.50 .$$

2.3 Fallstudie: Automobilfinanzierung

Der Automobilhersteller »Aumobi« vermarktet seinen neuen »Phadguhd« (Listenpreis: 15 000 Euro) mit einem »All-inclusive-Finanzierungsmodell«, bei dem er mit einem Finanzierungszinssatz von 0.9% p.a. wirbt. Der Hersteller kommt dabei fünf Jahre lang für die Kfz-Versicherung auf und zahlt in dieser Zeit auch sämtliche bei Wartung und Inspektion anfallenden Kosten. Das Auto ist im Rahmen des Finanzierungsmodells erhältlich für eine Anzahlung von 6 000 Euro, 60 monatlich vorschüssige Raten von 149 Euro und eine Schlusszahlung (nach fünf Jahren) von 5 000 Euro. Der Marktzinssatz liege bei 6% p.a..

Fallstudie

a) Bei einer sofortigen Zahlung in voller Höhe gewährt »Aumobi« einen Rabatt von 20% auf den Listenpreis. Sollte man das Auto über das »All-inclusive-Modell« erwerben oder sofort voll bezahlen? Es ist davon auszugehen, dass die Prämie für die Kfz-Versicherung bei Zahlung am Monatsanfang 90 Euro beträgt. Die jährlichen Kosten für Wartung und Inspektion können mit 150 Euro beziffert werden, vereinfachend sei angenommen, dass diese stets am Jahresende anfallen.

Zunächst kann der Barwert sämtlicher Zahlungen des »All-inclusive-Modells« berechnet werden. Dieser ergibt sich zu:

$$\text{Barwert}_{\text{All-inclusive}} = \text{Anzahlung} + \text{Barwert}_{\text{Raten}} + \text{Barwert}_{\text{Schlusszahlung}}$$

$$= 6\,000 + 149 \cdot \frac{1.06^{60/12} - 1}{1.06^{1/12} - 1} \cdot 1.06^{(-60+1)/12} + 5\,000 \cdot 1.06^{-5}$$

$$= 6\,000 + 7\,774.31 + 3736.29 = 17\,510.60$$

Dieser Barwert ist nun zu vergleichen mit dem Barwert der Zahlungen, die bei einem selbstfinanzierten Kauf innerhalb der ersten fünf Jahre auftreten:

$$\text{Barwert}_{\text{Selbstfinanzierung}}$$

$$= \text{Anschaffungspreis} + \text{Barwert}_{\text{Versicherung}} + \text{Barwert}_{\text{Wartung}}$$

$$= 80\% \cdot 15\,000 + 90 \cdot \frac{1.06^{60/12} - 1}{1.06^{1/12} - 1} \cdot 1.06^{(-60+1)/12} + 150 \cdot \frac{1.06^5 - 1}{1.06 - 1} \cdot 1.06^{-5}$$

$$= 12\,000 + 4\,695.891 + 631.855 = 17\,327.75$$

Der »Phadguhd« verursacht geringere Kosten beim selbstfinanzierten Kauf, somit ist diese Alternative vorzuziehen.

b) Wie hoch muss c.p. der Rabatt auf den Listenpreis mindestens sein, damit der selbstfinanzierte Kauf vorteilhaft ist?

$$\text{Barwert}_{\text{Selbstfinanzierung}} < \text{Barwert}_{\text{All-inclusive}}$$

$$(1-x) \cdot 15\,000 + 4\,695.891 + 631.855 < 17\,510.60$$

$$x > 18.78\%$$

Falls der Rabatt auf den Listenpreis mehr als 18.78% beträgt, ist der selbstfinanzierte Kauf vorteilhaft.

c) Wie hoch darf c.p. die monatliche Prämie für die Versicherung maximal sein, damit der selbstfinanzierte Kauf vorteilhaft ist?

$$\text{Barwert}_{\text{Selbstfinanzierung}} < \text{Barwert}_{\text{All-inclusive}}$$

$$12\,000 + \text{Pr\"amie} \cdot \frac{1.06^{60/12} - 1}{1.06^{1/12} - 1} \cdot 1.06^{(-60+1)/12} + 631.855 < 17\,510.60$$

$$\text{Pr\"amie} < 4\,878.745 \cdot \frac{1.06^{1/12} - 1}{1.06^{60/12} - 1} \cdot 1.06^{(60-1)/12}$$

$$\text{Pr\"amie} < 93.50$$

Solange die monatliche Prämie unterhalb 93.50 Euro liegt, ist der selbstfinanzierte Kauf vorzuziehen.

Insgesamt ist festzuhalten, dass für die vorgenommenen Berechnungen der beworbene Finanzierungszinssatz von 0.9% irrelevant ist. Die Höhe des Finanzierungszinssatzes kann »Aumobi« über die Deklaration des Listenpreises beliebig steuern.

2.4 Fallstudie: Retseir-Rente

Der Staat führt die »Retseir-Rente« ein, mit der die Bürger zur Altersvorsorge animiert werden sollen. Eine staatliche Rentenzulage von 154 Euro jährlich erhält derjenige, der inklusive Zulage 4% seines Jahresbruttoeinkommens in einen solchen Rentenvertrag einzahlt. Zusätzlich mindert der Eigenbeitrag zur Rente das zu versteuernde Einkommen. Maximal jedoch können inklusive staatlicher Zulage jährlich 2 100 Euro auf einen derartigen Vertrag eingezahlt werden. Die Einzahlungen sollen monatlich vorschüssig erfolgen, die staatliche Zulage erfolgt jeweils am Jahresende.

Die »Retseir-Rente« sieht vor, dass ab dem 65. Geburtstag keine Ein-   Fallstudie
zahlungen mehr erfolgen, sondern das dann angesammelte Kapital in Form
von 300 monatlich vorschüssigen Renten ausgezahlt wird. Die Renten sind
dabei in voller Höhe als Einkommen zu versteuern. Verstirbt der Renten-
empfänger, erfolgen Zahlungen an die Erben.

Der Einkommensteuersatz liege einkommensunabhängig bei 30%, auf
Kapitalerträge fallen keine Steuern an. Kapitalanlagen am Markt erbringen
5% p.a., Anlagen in der »Retseir-Rente« werden sowohl in der Anspar- als
auch in der Auszahlungsphase mit 4% p.a. verzinst.

a) Arbeitnehmer A begeht gerade seinen 30. Geburtstag und hat ein Einkommen von jährlich 40 000 Euro, welches bis zu seinem 65. Geburtstag konstant bleiben wird. Wie hoch ist der erforderliche monatliche
   Eigenbeitrag, damit er die staatliche Zulage erhält?

   Die jährliche Gesamteinzahlung muss 4% · 40 000 Euro = 1 600 Euro
   betragen. Abzüglich der staatlichen Zulagen verbleibt ein jährlicher Eigenbeitrag von 1 600 Euro − 154 Euro = 1 446 Euro. Dies sind 1 446
   Euro/12 = 120.50 Euro pro Monat.

b) Um welchen Betrag verringert sich die von A zu entrichtende Einkom-
   mensteuer, falls er den für die Zulage erforderlichen Eigenbeitrag erbringt?

   Wenn A jährlich 1 446 Euro einzahlt, muss er 30% · 1 446 Euro =
   433.80 Euro jährlich weniger an Steuern entrichten. Dies sind 433.80
   Euro/12 = 36.15 Euro pro Monat.

c) Da der Marktzinssatz über dem Zinssatz der im »Retseir-Vertrag« an-
   gelegten Gelder liegt, möchte A nur den für den Erhalt der staatlichen
   Zulage erforderlichen Betrag einzahlen. Da A die Steuerersparnis vor-
   ausschauend berechnet hat, kann er diese monatlich vorschüssig am
   Markt anlegen. Wie viel Geld hat A durch den Rentenvertrag und die
   Steuerersparnis angespart?

   Die Sparsumme aus dem »Retseir-Vertrag« berechnet sich aus dem
   Eigenbeitrag und den Zulagen. Der Eigenbeitrag ergibt sich als Endwert
   einer monatlich vorschüssigen Rente in Höhe von E = 120.50 Euro
   über 35 Jahre ($T_{\text{Monate}}^{\text{Ansparen}} = 420$). Die Zulagen berechnen sich durch den
   Endwert einer jährlich nachschüssigen Zahlung in Höhe von Z = 154
   Euro über $T_{\text{Jahre}}^{\text{Ansparen}} = 35$. Anzuwenden ist der »Retseir-Zinssatz« von
   4% p.a. ($q_R = 1.04$). Es ergibt sich:

$$\text{Sparsumme}_{\text{Retseir}} = E \cdot \frac{q_R^{T_{\text{Monate}}^{\text{Ansparen}}/m} - 1}{q_R^{1/m} - 1} \cdot q_R^{1/m} + Z \cdot \frac{q_R^{T_{\text{Jahre}}^{\text{Ansparen}}} - 1}{q_R - 1}$$

$$= 120.50 \cdot \frac{1.04^{420/12} - 1}{1.04^{1/12} - 1} \cdot 1.04^{1/12} + 154 \cdot \frac{1.04^{35} - 1}{1.04 - 1}$$

$$= 108\,794.815 + 11\,342.443 = 120\,137.258$$

Hinzu kommt noch die Sparsumme aus der Anlage der Steuerersparnis. Diese berechnet sich wiederum als Endwert einer monatlich vorschüssigen Zahlung in Höhe von $S = 36.15$ Euro über $T_{\text{Monate}}^{\text{Ansparen}} = 420$ beim Marktzinssatz in Höhe von 5% p.a. ($q_M = 1.05$) zu:

$$\text{Sparsumme}_{\text{Steuerersparnis}} = S \cdot \frac{q_M^{T_{\text{Monate}}^{\text{Ansparen}}/m} - 1}{q_M^{1/m} - 1} \cdot q_M^{1/m}$$

$$= 36.15 \cdot \frac{1.05^{420/12} - 1}{1.05^{1/12} - 1} \cdot 1.05^{1/12} = 40\,234.190$$

d) Über welches Kapital kann A (bzw. können seine Erben) monatlich verfügen, wenn er für das durch die Steuerersparnis angesparte Kapital den selben Auszahlungsmodus wählt, wie er auch in der »Retseir-Rente« vorgegeben ist?

Die Rentenzahlung in der Auszahlungsphase läuft über 25 Jahre ($T_{\text{Monate}}^{\text{Auszahlen}} = 300$). Die Auszahlungen aus der »Retseir-Rente« müssen mit 30% versteuert werden, während die Auszahlungen aus dem durch die Steuerersparnis gebildeten Kapital steuerfrei sind. Der A monatlich zur Verfügung stehende Betrag ergibt sich folglich zu:

$$\text{Gesamtrente} = 70\% \cdot \text{Rente}_{\text{Retseir}} + \text{Rente}_{\text{Steuerersparnis}}$$

$$= 0.7 \cdot \text{Sparsumme}_{\text{Retseir}} \cdot \frac{q_R^{1/m} - 1}{q_R^{T_{\text{Monate}}^{\text{Auszahlen}}/m} - 1} \cdot q_R^{(T_{\text{Monate}}^{\text{Auszahlen}} - 1)/m}$$

$$+ \text{Sparsumme}_{\text{Steuerersparnis}} \cdot \frac{q_M^{1/m} - 1}{q_M^{T_{\text{Monate}}^{\text{Auszahlen}}/m} - 1} \cdot q_M^{(T_{\text{Monate}}^{\text{Auszahlen}} - 1)/m}$$

$$= 0.7 \cdot 120\,137.258 \cdot \frac{1.04^{1/12} - 1}{1.04^{300/12} - 1} \cdot 1.04^{299/12}$$

$$+ 40\,234.190 \cdot \frac{1.05^{1/12} - 1}{1.05^{300/12} - 1} \cdot 1.05^{299/12}$$

$$= 439.139 + 231.665 = 670.80$$

e) Bankberater B macht A darauf aufmerksam, dass er seine Steuerersparnis noch steigern könnte. Was muss A hierfür tun und wie hoch ist die
maximale Steuerersparnis?

A müsste hierfür möglichst viel einzahlen, der maximale Eigenbeitrag
liegt bei 2 100 Euro – 154 Euro = 1 946 Euro jährlich bzw. 162.17 Euro
monatlich. Die jährliche Steuerersparnis liegt dann bei 30% · 1 946 Euro
= 583.80 Euro, folglich 48.65 Euro pro Monat.

f) B rät A, die maximale Steuerersparnis auszunutzen, da er sich so »möglichst viel Geld vom Staat holen« könne. A erwidert, dass dies zwar
heute eine Steuerersparnis zur Folge hätte, aber dafür in der Auszahlungsphase mehr Steuern anfielen, da die Auszahlungen aus der »Retseir-Rente« dann der Steuer unterliegen. B argumentiert, dass dies aber
erst in vielen Jahren der Fall sei und A so ein »zinsloses Darlehen vom
Staat« bekommen könne. Zur Klärung der Sachlage ist zunächst zu
fragen: Wie hoch ist die Rente, falls A der Empfehlung von B folgt und
einen Eigenbeitrag von 162.17 pro Monat erbringt?

Die obigen Rechnungen müssen nun erneut durchgeführt werden. Bei
allgemeiner Schreibweise lassen sich jedoch einige Vereinfachungen
vornehmen:

Gesamtrente

$$= 70\% \cdot \text{Rente}_{\text{Retseir}} + \text{Rente}_{\text{Steuerersparnis}}$$

$$= 0.7 \cdot \text{Sparsumme}_{\text{Retseir}} \cdot \frac{q_R^{1/m} - 1}{q_R^{T_{\text{Monate}}^{\text{Auszahlen}}/m} - 1} \cdot q_R^{(T_{\text{Monate}}^{\text{Auszahlen}} - 1)/m}$$

$$+ \text{Sparsumme}_{\text{Steuerersparnis}} \cdot \frac{q_M^{1/m} - 1}{q_M^{T_{\text{Monate}}^{\text{Auszahlen}}/m} - 1} \cdot q_M^{(T_{\text{Monate}}^{\text{Auszahlen}} - 1)/m}$$

$$= 0.7 \cdot \left(E \cdot \frac{q_R^{T_{\text{Monate}}^{\text{Ansparen}}/m} - 1}{q_R^{1/m} - 1} \cdot q_R^{1/m} + Z \cdot \frac{q_R^{T_{\text{Jahre}}^{\text{Ansparen}}} - 1}{q_R - 1} \right) \cdot \frac{q_R^{1/m} - 1}{q_R^{T_{\text{Monate}}^{\text{Auszahlen}}/m} - 1} \cdot q_R^{(T_{\text{Monate}}^{\text{Auszahlen}} - 1)/m}$$

$$+ S \cdot \frac{q_M^{T_{\text{Monate}}^{\text{Ansparen}}/m} - 1}{q_M^{1/m} - 1} \cdot q_M^{1/m} \cdot \frac{q_M^{1/m} - 1}{q_M^{T_{\text{Monate}}^{\text{Auszahlen}}/m} - 1} \cdot q_M^{(T_{\text{Monate}}^{\text{Auszahlen}} - 1)/m}$$

$$= 0.7 \cdot \left(E \cdot \frac{q_R^{T_{\text{Monate}}^{\text{Ansparen}}/m} - 1}{1 - q_R^{-T_{\text{Monate}}^{\text{Auszahlen}}/m}} + Z \cdot \frac{q_R^{T_{\text{Jahre}}^{\text{Ansparen}}} - 1}{q_R - 1} \cdot \frac{q_R^{1/m} - 1}{q_R^{1/m} - q_R^{-(T_{\text{Monate}}^{\text{Auszahlen}} - 1)/m}} \right)$$

$$+ S \cdot \frac{q_M^{T_{\text{Monate}}^{\text{Ansparen}}/m} - 1}{1 - q_M^{-T_{\text{Monate}}^{\text{Auszahlen}}/m}}$$

$$= 0.7 \cdot \left(162.167 \cdot \frac{1.04^{420/12} - 1}{1 - 1.04^{-300/12}} + 154 \cdot \frac{1.04^{35} - 1}{1.04 - 1} \cdot \frac{1.04^{1/12} - 1}{1.04^{1/12} - 1.04^{-299/12}} \right)$$

$$+ 48.65 \cdot \frac{1.05^{420/12} - 1}{1 - 1.05^{-300/12}}$$

$$= 0.7 \cdot (764.555 + 59.229) + 311.771 = 888.42$$

g) Zunächst sieht B sich bestätigt, da die nun berechnete Rente mit 888.42 Euro oberhalb der in d) berechneten Rente von 670.80 Euro liegt. A weist aber darauf hin, dass er in d) nur eine monatliche Leistung von 120.50 Euro für die »Retseir-Rente« erbracht hat, nun aber 162.17 Euro, also 41.67 Euro pro Monat mehr einzahlt.

Zur Vergleichbarkeit der Altersrenten muss also folglich bestimmt werden, wie hoch die Gesamtrückzahlungen sind, falls A zusätzlich zu den 120.50 Euro für den »Retseir-Vertrag« und der daraus resultierenden Steuerersparnis von 36.15 Euro einen Betrag von 41.67 Euro monatlich anspart.

Das zusätzlich angesparte Kapital am 65. Geburtstag beträgt

$$\text{Sparsumme}_{\text{Zusatz}} = 41.67 \cdot \frac{q_M^{T_1/m} - 1}{q_M^{1/m} - 1} \cdot q_M^{1/m}$$

$$= 41.67 \cdot \frac{1.05^{420 \, 12} - 1}{1.05^{1/12} - 1} \cdot 1.05^{1/12} = 46\,374.125 \,.$$

Die Rente erhöht sich somit um

$$\text{Rente}_{\text{Zusatz}} = \text{Sparsumme}_{\text{Zusatz}} \cdot \frac{q_M^{1/m} - 1}{q_M^{T_3/m} - 1} \cdot q_M^{(T-1)/m}$$

$$= 46\,374.125 \cdot \frac{1.05^{1/12} - 1}{1.05^{300/12} - 1} \cdot 1.05^{299/12} = 267.02 \,.$$

und beträgt dann 670.80 + 267.02 = 937.82 Euro.

Die Erhöhung der Einzahlung bringt zwar auch eine Erhöhung der Steuerersparnis in der Ansparphase, doch diese wird vollständig kompensiert durch die höhere Steuerbelastung in der Auszahlungsphase. Das durch die geringere Steuerzahlung in der Ansparphase zusätzlich vorhandene Kapital kann zwar verzinslich angelegt werden, doch ist zu berücksichtigen, dass das in den »Retseir-Vertrag« eingezahlte Kapital, welches zur Steuerersparnis führt und in der Auszahlungsphase versteuert werden muss, auch verzinst wird. Die Argumentation des Bankberaters ist somit falsch.

In diesem Beispiel ist die Gesamtrente bei »Steuersparoptimierung« mit 888.42 Euro sogar geringer als im Ausgangsfall, in dem nur so viel eingezahlt wird, wie zum Bezug der staatlichen Förderung notwendig ist. Dann beträgt die Gesamtrente 937.82 Euro, wobei in beiden Fällen die anfallende Steuer schon berücksichtigt wurde. Die Ursache hierfür liegt in der im »Retseir-Vertrag« enthaltenen Verzinsung von 4% p.a., welche niedriger ist als der Marktzinssatz von 5% p.a. Bei gleichen Zinssätzen unterscheiden sich die Renten nicht.

Dennoch kann die Erhöhung der Einzahlung in die »Retseir-Rente« selbst dann vorteilhaft sein, wenn sie eine niedrigere Verzinsung bietet, als am Markt erzielbar wäre. Dies tritt dann ein, wenn der Einkommensteuersatz in der Ansparphase weit genug oberhalb des Einkommensteuersatzes der Auszahlungsphase liegt.

2.5   Aufgaben zu Kapitel 2

Hinweis: Die mit einem * gekennzeichneten Aufgaben weisen einen entsprechend höheren Schwierigkeitsgrad auf.

2.5.1 Aufgaben zu Abschnitt 2.1

Aufgabe 2.1.1
Bestimmen Sie den Rentenbarwert und Rentenendwert einer nachschüssigen jährlichen Rente in Höhe von 10 000 Euro bei einem Zinssatz von 5% p.a. und einer Laufzeit von 15 Jahren.

Aufgabe 2.1.2
Eine Studentin, die heute ihren 20. Geburtstag begeht, möchte durch eine Einmalzahlung zu ihrer Alterssicherung beitragen. Angestrebt ist eine 25-jährige vorschüssige jährliche Rente von 12 000 Euro ab dem 65. Geburtstag. Welchen Betrag muss sie jetzt einzahlen, wenn das Kreditinstitut für Anspar- und Auszahlungsphase einen Zinssatz von 4% p.a. garantiert?

Aufgabe 2.1.3
a) Wie viel Geld müssen Sie bei einem Zinssatz von 4% p.a. heute anlegen, um 15 Jahre lang jährlich vorschüssig 3 000 Euro zu erhalten?
b) Wie ändert sich das benötigte Kapital, wenn sie das Geld nachschüssig erhalten möchten?
c) Wie viel Geld hätten Sie vor 10 Jahren anlegen müssen, um Ihre Wünsche aus a) bzw. b) zu befriedigen?

Aufgabe 2.1.4
Gehen Sie im Folgenden von einem einheitlichen Zinsniveau von 6% p.a. aus.
a) Wie viel Geld müssen Sie am 01.01.2007 anlegen, um in den folgenden sieben Jahren monatlich eine nachschüssige Zahlung in Höhe von 870 Euro zu erhalten?

b) Welchen Betrag müssen Sie für eine vorschüssige Rente anlegen?

c) Wie viel hätten Sie 3 Jahre und 6 Monate vor dem 01.01.2007 anlegen müssen, um die in a) und c) beschriebenen Renten zu erhalten?

d) Zu welchem Zeitpunkt können die sieben Jahre andauernden Zahlungen bei nachschüssiger Rente frühestens beginnen, wenn Ihnen am 01.01.2007 nur 90% des in Aufgabenteil a) errechneten Betrags zur Verfügung steht? Gehen Sie davon aus, dass Rentenzahlungen nur am letzten Tag eines Kalendermonats erfolgen können.

Aufgabe 2.1.5
Bestimmen Sie allgemein den Barwert einer ewigen nachschüssigen bzw. vorschüssigen Rente.

* Aufgabe 2.1.6
Sie möchten sich ein Luxus-Heimkinosystem kaufen. In den Ausstellungsräumen Ihres bevorzugten Händlers sehen Sie ein Modell, in das Sie sich sofort verlieben. Da Ihre finanziellen Mittel begrenzt sind, bitten Sie den Verkäufer um die Möglichkeit einer Ratenzahlung. Er bietet Ihnen an, die Anlage sofort mitzunehmen und erst in 12 Monaten mit der Begleichung des Kaufpreises zu beginnen, wobei dann 5 Jahre lang jährlich 4 999.80 Euro fällig sind. Sie stellen grob ihre laufenden Kosten und Einnahmen gegenüber und erkennen, dass Sie sich unter diesen Umständen mit Ihrem gewöhnlichen Plasma-Fernseher begnügen müssen. Enttäuscht wollen Sie den Heimweg antreten, als der Verkäufer Ihnen nachsetzt und als Alternative vorschlägt, 10 Jahre lang 2 975 Euro zu zahlen (auch hierbei wäre die erste Zahlung in 12 Monaten fällig).

a) Welchen Zinssatz verwendet der Verkäufer in seiner Kalkulation?

Plötzlich klingelt Ihr Mobiltelefon und Ihre Großmutter, die soeben von Ihren Kaufplänen erfahren hat und nichts vom kreditfinanzierten Kauf hält, sagt Ihnen eine Schenkung von 20 000 Euro zu, falls Sie Ihr Privatkino kaufen und den Kaufpreis sofort begleichen.

b) Reicht das Geld Ihrer Großmutter zum Kauf, wenn Ihnen der Verkäufer einen zu seinen Finanzierungsalternativen konsistenten Barkaufpreis nennt?

Aufgabe 2.1.7
Der verwöhnte Abiturient und angehende Langzeitstudent Ludwig plant die Finanzierung seines seit jeher exzessiven Lebenswandels während des in exakt zwei Monaten zum Herbstsemester beginnenden Studiums. Er hat dabei die folgenden drei Geldquellen ins Auge gefasst, derer er sich in den kommenden 18 Semestern bedienen wird:

- Onkel Jürgen, der bereits jetzt ausreichend senil ist, um übers Ohr gehauen zu werden, ist für die Grundfinanzierung vorgesehen und wird zu Beginn jedes Studienjahres 7 500 Euro spendieren.
- Seine reiche Tante Käthe wird ihn während des im achten Semester beginnenden dreijährigen Auslandsaufenthaltes – Strandstudien in Barcelona – unterstützen. Ludwig kann sie von den hohen Wohnungspreisen in der spanischen Metropole und der dringenden Notwendigkeit eines Segelkurses überzeugen, so dass sie zusätzliche 5 000 Euro zu Beginn jedes Studienjahres im Ausland beisteuert.
- Sein amerikanischer Onkel David wird ihn im Endspurt unterstützen und ihn während der letzten 4 Studienjahre mit jeweils 3 000 Euro versorgen. Auch Onkel David zahlt zu Beginn jedes Herbstsemesters.

Gehen Sie dabei davon aus, dass das Herbstsemester jedes Jahr am 01.09. und das Frühjahrssemester jeweils am 01.03. beginnt.

a) Berechnen Sie zunächst, wie viel Geld die liebe Verwandtschaft jeweils zurücklegen muss, um Ludwigs Vorstellungen der Studienfinanzierung nachkommen zu können. Gehen Sie davon aus, dass Onkel Jürgen und Tante Käthe von einem Kalkulationszinssatz in Höhe von 5% p.a. ausgehen, während Onkel David im risikofreudigen Amerika mit 8% p.a. rechnet. Verwenden Sie die Konvention 30/360.

b) Berechnen Sie Ludwigs Vermögen am Ende seines Studiums, wenn der Vermögensberater seines Vaters eine Anlagemöglichkeit mit 9%iger Verzinsung p.a. entdeckt, seine Eltern für seine gesamten Kosten aufkommen und er vor Beginn des Studiums sein gesamtes Vermögen beim Glücksspiel in Monaco verprasst.

2.5.2 Aufgaben zu Abschnitt 2.2

Aufgabe 2.2.1
Bestimmen Sie allgemein den Zusammenhang zwischen Kapitalwiedergewinnungsfaktor und Restwertverteilungsfaktor. Wann bietet sich die Verwendung der beiden Größen an?

Aufgabe 2.2.2
Sie nehmen ein Annuitätendarlehen in Höhe von 20 000 Euro zu einem Zinssatz von 5% p.a. auf. Nach drei Jahren wollen Sie schuldenfrei sein, wobei Sie die Annuitäten jährlich nachschüssig erbringen. Stellen Sie einen Tilgungsplan nach unten angegebenem Muster auf. (Runden Sie Ihre Zwischenergebnisse jeweils auf 2 Nachkommastellen.)

Aufgaben

t	S_0, RS_{t-1}	Z_t	Tt	A_t	RS_t
1	20 000				
2					
3					0

Aufgabe 2.2.3

Auf der Internetseite des UltraMarktes finden Sie eine Kühl-/Gefrierkombination für 1 559 Euro. Alternativ zur sofortigen Bezahlung wird eine Finanzierung über 48 Monate zu monatlichen Raten von 40.52 Euro angeboten. Der ausgewiesene Effektivzinssatz liegt bei 11.9% p.a..

a) Sind die monatlichen Raten vorschüssig oder nachschüssig zu erbringen?

b) Beim Finanzierungsangebot ist auch eine »Kreditsumme« in Höhe von 1944.96 Euro ausgewiesen. Was will der UltraMarkt damit ausdrücken?

* Aufgabe 2.2.4

Freiberufler F stellt sich am 01.01.2005, seinem 55. Geburtstag, die Frage, ob seine Rente ausreichen wird, um einen glücklichen Lebensabend zu bestreiten. Er hat nicht in die gesetzliche Rentenversicherung eingezahlt, sondern zur Altersversorgung seit seinem 20. Geburtstag zu Ende jedes Lebensjahres 1 000 Euro zu seiner lokalen Sparkasse getragen, die sein Guthaben nachschüssig mit 5% p.a. verzinst.

a) Berechnen Sie zunächst den Kapitalwert seines Guthabens am 55. Geburtstag.

b) F geht davon aus, dass er ab seiner Verrentung an seinem 65. Geburtstag für 20 Jahre zu Beginn jedes Jahres 15 000 Euro benötigen wird. Bestimmen Sie, wie viel er in den verbleibenden 10 Lebensjahren jeweils zu Ende jedes Lebensjahres sparen muss, um diesen Betrag zu erreichen. F geht davon aus, dass der Zinssatz von 5% p.a. bis in alle Ewigkeit unverändert bleibt.

c) Im Alter von exakt 68 Jahren und 4 Monaten verstirbt F völlig ungeplant. Wie viel Geld hinterlässt er seinen Erben, wenn er zwischen seinem 55. und 65. Lebensjahr die in b) berechnete Summe anspart und ab dem Beginn seines 66. Lebensjahres jährlich 15 000 Euro abhebt und gleichmäßig im Laufe des Lebensjahres konsumiert? Gehen Sie davon aus, dass seine Rentenersparnisse die einzigen Geldmittel darstellen, über die er verfügt und verwenden Sie die Konvention 30/360.

* Aufgabe 2.2.5

Der mittellose M nimmt am 01.07.2003 ($t = 0$) bei seiner Bank B ein Annuitätendarlehen mit einer Höhe von 250 000 Euro und einer Laufzeit von 5 Jahren auf. Die Verzinsung erfolgt zum aktuellen marktüblichen Zinssatz in Höhe von 10% p.a., die Annuitäten sind jährlich nachschüssig zu erbringen.

a) Berechnen Sie die Höhe der einzelnen Annuitäten und stellen Sie den Tilgungsplan auf.

b) Am 01.04.2006 bietet die B dem M eine Tilgung durch eine einmalige Zahlung von $Z = 180\,000$ Euro als Alternative zur weiteren Annuitätentilgung an. Ein entsprechendes Übereinkommen wäre am 01.06.2006 vertraglich zu fixieren; die Zahlung hätte am 22.06.06 zu erfolgen. Ist dieses Angebot vorteilhaft, wenn der Marktzinssatz in $t = 2$ auf 8% p.a. gefallen ist und für den Rest der Kreditlaufzeit auf diesem Niveau bleibt? Wenden Sie bei der Berechnung die Konvention 30/360 an.

Aufgabe 2.2.6

Beim Vorbeischlendern an einem Autohaus fällt Ihnen ein Fahrzeug ins Auge, für das Sie sich näher interessieren. Der Preis des Autos ist ausgewiesen mit 16 000 Euro, es gibt jedoch auch die Möglichkeit zum kreditfinanzierten Kauf zu einem Zinssatz von nur 0.99% p.a.. Zu entrichten sind dabei jährlich nachschüssig neun gleich hohe Raten.

a) Wie hoch sind die jährlichen Raten?

Nach einem Blick in Ihre prall gefüllte Brieftasche sprechen Sie den Händler an und fragen, ob denn nicht ein Rabatt machbar wäre, wenn Sie den Kaufpreis sofort bar entrichten würden. Er entgegnet, dass er unter diesen Umständen zu einem Nachlass von 20% bereit wäre.

b) Wie ist dieses Angebot bei einem Marktzinsniveau von 6% p.a. zu bewerten?

Aufgabe 2.2.7

a) Sie kaufen ein Haus für 500 000 Euro. 40% des Preises können Sie aus Ihrem angesparten Vermögen begleichen, für den Rest nehmen Sie ein Annuitätendarlehen zu einem Zinssatz von 6% p.a. auf. Nach wie vielen Jahren ist das Darlehen getilgt, wenn Sie jährlich am Jahresende eine Annuität von 24 000 Euro leisten können? Wie hoch ist die Schlusszahlung im letzten Jahr?

b) Wie hoch ist die jährliche Annuität, die Sie mindestens aufbringen müssen, damit das Darlehen überhaupt getilgt werden kann?

Aufgabe 2.2.8

Betrachten Sie ein Annuitätendarlehen mit einem Kreditbetrag von 80 000 Euro und jährlich vorschüssiger Annuität in Höhe von 8 000 Euro. Der Zinssatz betrage 8% p.a.. Nach welcher Zeit ist das Darlehen vollständig getilgt? Wie hoch ist die Restzahlung?

Aufgabe 2.2.9

Ergänzen Sie den Tilgungsplan. Gehen Sie von nachschüssigen Annuitäten und einer Laufzeit von exakt 3 Jahren aus. Runden Sie für Ihre Berechnungen alle ermittelten Beträge auf zwei Stellen nach dem Komma.

t	S_0, RS_{t-1}	Z_t	T_t	A_t	RS_t
1				~~11 641.02~~	
2				~~11 820.02~~	3 592.90
3	3592.50	287.44	3592.90	~~3890.02~~	0
Σ				11 641.02	

Aufgabe 2.2.10

a) Sie beginnen ein dreijähriges Studium und schätzen Ihre monatlichen Kosten auf 500 Euro. Die Bank B bietet Ihnen eine Finanzierung zu 5% p.a. an. Hierbei erhalten Sie Ihr benötigtes Kapital monatlich vorschüssig. Wie hoch sind Ihre Schulden am Studienende?

b) Nach weiteren Zu- und Abflüssen beträgt Ihr Schuldenstand zu Studienende insgesamt 20 000 Euro. Drei Jahre nach Studienende beginnen Sie mit der Rückzahlung der (sich auch weiterhin verzinslich ansammelnden) Darlehensschuld. Mit der Bank haben Sie fünf jährlich vorschüssige, gleich hohe Zahlungen vereinbart. Wie hoch sind diese Zahlungen, wenn der Zinssatz von Ihrem Studienende bis zur vollständigen Tilgung bei 6% p.a. liegt?

c) Nach wie vielen Jahren wäre Ihr Darlehen getilgt, wenn die Tilgung unmittelbar nach Studienende in Form von jährlich nachschüssigen Annuitäten in Höhe von 4 000 Euro erbracht würde, um die Schuld von 20 000 Euro zu tilgen? Wie hoch wäre die Restzahlung im letzten Jahr? Der Zinssatz liege bei 6% p.a..

* Aufgabe 2.2.11

In einem Autohaus sehen Sie einen Wagen, auf dessen Preisschild eine stolze Summe verzeichnet ist. Daneben wird für einen kreditfinanzierten Kauf geworben. Die Konditionen: Annuitätendarlehen mit einer Laufzeit von 10 Jahren, jährlich vorschüssig anfallenden Zahlungen und einem Kreditzinssatz von nur 2% p.a.. Angesichts des derzeitigen Marktzinsniveaus von 5% p.a. überrascht Sie dies zunächst. Sie können sich den Sachverhalt dennoch erklären: Der auf dem Schild ausgewiesene Preis ist im Grunde eine fiktive Angabe. Wenn Sie mit einem dicken Bündel Bargeld einen Verkäufer zu sich rufen würden, bekämen Sie einen Rabatt und könnten das Auto sofort mitnehmen.

Welchem prozentualen Rabatt auf den auf dem Schild ausgewiesenen Preis entspricht der im Vergleich zum Marktzinssatz niedrige Kreditzinssatz?

Lösen Sie diese Aufgabe auch allgemein für beliebige Markt- und Kreditzinssätze.

Aufgabe 2.2.12

Welches Kapital müssen Sie in $t = 0$ anlegen, um eine ewige jährlich nachschüssige Rente zu erhalten, die jährlich um 3% wächst? Die erste Rentenzahlung erfolge in $t = 11$ und betrage 1 000 Euro, der Zinssatz liege durchweg bei 5% p.a..

Aufgabe 2.2.13

Bei einem Zinssatz von 7% p.a. sparen Sie monatlich nachschüssig einen geometrisch wachsenden Betrag. Ihre erste Sparrate beträgt 50 Euro, die zweite liegt 10 Cent höher, die weiteren wachsen entsprechend. Nach 30 Jahren beenden Sie die Ansparphase.
a) Wie hoch ist der jährliche Wachstumsfaktor der Sparraten?
b) Wie hoch ist die letzte Sparrate?
c) Welches Kapital haben Sie am Ende angespart?
d) Nach der Ansparphase lassen Sie sich das auf Kapital auf 20 Jahre verteilt in Form von monatlich vorschüssigen und gleichbleibenden Renten auszahlen. Wie hoch sind die erhaltenen Renten, wenn der Zinssatz auch in der Auszahlungsphase unverändert bei 7% p.a. liegt?

Anhang 2A: Die geometrische Summe

geometrische Summe   Wir betrachten die geometrische Summe ($q = 1 + r$, $q \neq 1$)

(2A.1) $$s_t = 1 + q + q^2 + \ldots + q^{t-1}$$

und suchen einen einfachen Ausdruck für den Wert dieser Größe. Eine Antwort liefert die Betrachtung der Differenz $s_t - q \cdot s_t$, denn es gilt:

$$s_t - q \cdot s_t = 1 + q + q^2 + \ldots + q^{t-1}$$
$$- q - q^2 - \ldots - q^{t-1} - q^t$$
$$= 1 - q^t .$$

Hieraus folgt insgesamt:

(2A.2a) $$s_t = \frac{1 - q^t}{1 - q} = \frac{q^t - 1}{q - 1} = \frac{q^t - 1}{r} .$$

Im Fall $q = 1$ ergibt sich durch direkte Summation

(2A.2b) $$s_t = t .$$

3 Kurs- und Renditerechnung

3.1 Kursrechnung

Ziel der Kursrechnung ist es, den fairen Preis bzw. den fairen Kurs (im Sinne eines Marktpreises) eines Finanztitels (repräsentiert durch seine Rückflüsse) zu bestimmen. Dabei wird von einem gegebenen Zinsmodell ausgegangen, das zugleich die Wertentwicklung eines sicheren Investments bestimmt.

Ziel der Kursrechnung

Der faire Kurs eines Finanztitels entspricht dann seinem Barwert. Die Begründung hierfür liegt in der materiellen Interpretation des Barwerts gemäß Abschnitt 1.5. Die alternative Anlage des fairen Preises (= Barwert) zu Kapitalmarktbedingungen resultiert in einem identischen Endwert wie der Erwerb des Finanztitels zum Barwert und der Wiederanlage der Rückflüsse zu Kapitalmarktbedingungen. Aus der Grunderfordernis des Law of One Price, d.h. Titel mit identischem Endwert müssen einen identischen Preis aufweisen, folgt hieraus das gewünschte Resultat.

fairer Kurs und Barwert

Im Weiteren unterstellen wir wiederum einen vollkommenen Kapitalmarkt mit fristigkeitsunabhängigem Zins r > 0.

Der Preis $P = P_0(r)$ eines beliebigen Zahlungsstroms der Form $\{z_1, ..., z_T\}$ zum Zeitpunkt t = 0 ist vor dem Hintergrund der voranstehenden Ausführungen dann gleich seinem Barwert. Es gilt somit im Rahmen des Basis-Zinsmodells (q = 1 + r)

(3.1)
$$P_0(r) = \sum_{t=1}^{T} z_t(1+r)^{-t} = \sum_{t=1}^{T} z_t q^{-t}.$$

Als ersten Spezialfall analysieren wir den Preis eines Standardbonds mit Restlaufzeit T und Rückzahlungen $\{Z, ..., Z, Z+N\}$, wobei Z die Zinszahlungen und N den Nennwert bedeute. Ferner gelte Z = Ni, wobei i den Nominalzinssatz bezeichne. Es folgt im Einzelnen unter Ansatz alternativer Darstellungsformen:

Preis Standardbond

(3.2)
$$P_0(r) = Zq^{-1} + ... + Zq^{-T} + Nq^{-T} = Z(q^{-1} + ... + q^{-T}) + Nq^{-T}$$
$$= Z \cdot RBF(r, T) + Nq^{-T}$$
$$= Z \cdot \frac{1-q^{-T}}{r} + Nq^{-T} = N\left[\frac{i}{r}(1-q^{-T}) + q^{-T}\right].$$

Beispiel 3.1: Preis Standardbond

Wir gehen aus von einem Nennwert in Höhe von EUR 100, 4 Jahren Laufzeit, einem Nominalzinssatz von 5% sowie einem Marktzinssatz von 6%. Als
Zahlungsstrom hieraus resultiert {–P, 5, 5, 5, 105}, wobei P den (gesuchten)
anfänglichen Preis nach dem Barwertansatz bezeichne.
  Der Preis des Bonds ergibt sich zunächst als Barwert der zukünftigen Zahlungen zum Marktzinssatz, d.h.

$$P = 5 \cdot (1.06)^{-1} + 5 \cdot (1.06)^{-2} + 5 \cdot (1.06)^{-3} + 105 \cdot (1.06)^{-4}$$

$$= 4.717 + 4.449 + 4.198 + 83.170 = 96.53 \ .$$

Alternativ gilt:

$$P = 5 \cdot RBF(0.06, 5) + 100 \cdot (1.06)^{-4}$$

$$= 5 \cdot [1 - (1.06)^{-4}] / 0.06 + 100 \cdot (1.06)^{-4}$$

$$= 17.3255 + 79.2093 = 96.53 \ .$$

Preis Zerobond

Kommen wir nun zum (anfänglichen) Preis b(0,t) eines Einheitszerobonds
mit Fälligkeit t (Rückzahlung einer Geldeinheit in t, es erfolgen keine
zwischenzeitlichen Zinszahlungen). Es ergibt sich in diesem Falle nach
dem Barwertprinzip

(3.3)
$$b(0, t) = 1 \cdot (1 + r)^{-t} = q^{-t} \ .$$

Hieraus folgt, dass die Preise b(0,t), t > 0, der Einheitszerobonds äquivalent
zu den Diskontierungsfaktoren q^{-t} sind. Diese Äquivalenz bleibt auch für
allgemeine Zinsumgebungen erhalten.

Beispiel 3.2: Zerobond

Gegeben sei ein Zerobond mit 4 Jahren Laufzeit und einem Nennwert von
EUR 100. Der Marktzinssatz betrage 8%. Dann ergibt sich der Preis b(0,4)
des Zerobonds nach dem Barwertprinzip zu

$$b(0, 4) = \frac{100}{(1.08)^4} = 73.50 \ .$$

Die Barwertformel (3.2) für einen Standardbond kann nur noch wie folgt umformuliert werden:

Barwertformel für Standardbond

(3.4)
$$P_0(r) = \frac{Z}{r} + \left(N - \frac{Z}{r}\right) \cdot q^{-T} = N\left[\frac{i}{r} + \left(1 - \frac{i}{r}\right) \cdot q^{-T}\right].$$

Hieraus folgen die nachstehenden Zusammenhänge zwischen Nennwert und Preis eines Standardbonds:

- $r = i$: $P_0(r) = N$
- $r < i$: $P_0(r) > N$
- $r > i$: $P_0(r) < N$

Der Barwert liegt somit über dem Nennwert, wenn der Marktzinssatz niedriger als der Nominalzinssatz ist und vice versa.

Beispiel 3.3: Marktzinssatz unter Nominalzinssatz

Bestimmen Sie den fairen Wert des Zinstitels mit Rückzahlungen Z = {4 000, 4 000, 4 000, 104 000} bei einem Marktzinssatz von r = 3.25% (der somit niedriger als der Nominalzinssatz von 4% ist).

Es gilt:

$$P_0(0.0325) = 4\,000 \cdot (1.0325)^{-1} + 4\,000 \cdot (1.0325)^{-2}$$
$$+ 4\,000 \cdot (1.0325)^{-3} + 104\,000 \cdot (1.0325)^{-4}$$
$$= \frac{4\,000}{1.0325} + \frac{4\,000}{1.066056} + \frac{4\,000}{1.1007030} + \frac{104\,000}{1.1364759}$$
$$= 3\,874.09 + 3\,752.15 + 3\,634.04 + 91\,510.96$$
$$= 102\,771.24 \ .$$

Es resultiert mithin ein Über pari-Kurs, um die effektive Verzinsung des Zinstitels auf Marktniveau zu senken.

Als zweiten Anwendungsfall betrachten wir das Dividendendiskontierungsmodell nach Gordon (Gordon Growth-Modell). Hierbei geht es um die Bestimmung des fairen Werts v_0 einer Aktie in t = 0, die (bekannte) Dividendenzahlungen D_t (t = 1, …, n, …) der Form $D_t = D \cdot (1 + g)^t$ besitzt, wobei g der hier als konstant angenommene Wachstumsfaktor der Dividenden ist und D der aktuellen Dividende entspricht. Vorausgesetzt wird wiederum ein vollkommener Kapitalmarkt mit fristigkeitsunabhängigem Zins r. Ferner treffen wir die Annahme g < r.

Gordon Growth-Modell

Es gilt im Einzelnen, vgl. Anhang 3A, wobei $x = \dfrac{1+g}{1+r}$:

$$v_0 = \frac{D \cdot (1+g)}{(1+r)} + \frac{D \cdot (1+g)^2}{(1+r)^2} + \ldots + \frac{D \cdot (1+g)^t}{(1+r)^t} + \ldots$$

$$= D \cdot \sum_{t=1}^{\infty} \left(\frac{1+g}{1+r} \right)^t = D \cdot \left[\sum_{t=0}^{\infty} \left(\frac{1+g}{1+r} \right)^t - 1 \right]$$

(3.5)

$$= D \cdot \left[\frac{1}{1 - \left(\dfrac{1+g}{1+r} \right)} - 1 \right] = D \cdot \left[\frac{1+r}{r-g} - 1 \right]$$

$$= D \cdot \left(\frac{1+g}{r-g} \right) = \frac{D_1}{r-g}.$$

Im Gordon Growth-Modell ergibt sich der faire Wert der Aktie somit in einfacher Weise als Quotient der Dividendenzahlung $D_1 = D \cdot (1+g)$ zum Zeitpunkt $t = 1$ und der Differenz aus Zinssatz und Wachstumsrate.

ewige Rente Es sei darauf hingewiesen, dass der im Gordon Growth-Modell berechnete faire Wert einer Aktie in der Terminologie des zweiten Kapitels auch als Wert einer nachschüssigen ewigen Rente mit jährlichem geometrischem Wachstum aufgefasst werden kann. Ausgehend von

$$BW_{\text{nachschüssig}} = R \cdot \frac{q^T - c^T}{q - c} \cdot q^{-T}$$

ergibt sich unter Berücksichtigung von $R = D_1$ sowie $c = 1 + g$ und $q = 1 + r$ zunächst

$$BW_{\text{nachschüssig}} = D_1 \cdot \frac{1 - c^T \cdot q^{-T}}{(1+r) - (1+g)} = D_1 \cdot \frac{1 - (c/q)^T}{r-g}.$$

Da $g < r$ und somit $c < q$ folgt daher für die ewige Zahlung

$$\lim_{T \to \infty} D_1 \cdot \frac{1 - (c/q)^T}{r-g} = \frac{D_1}{r-g}.$$

kritische Annahmen Als kritische Annahme geht in dieses Modell ein, dass ein unendlicher Zeithorizont betrachtet wird, über dessen gesamten Verlauf sich die Verhältnisse hinsichtlich des Dividendenwachstums nicht ändern. Realistischere Modelle lassen unterschiedliche Phasen des Dividendenwachstums zu.

Eine weitere Problematik dieser Vorgehensweise besteht darin, dass die Dividendenzahlungen nicht bekannt, sondern unsicher sind. Im Rahmen einer erweiterten Analyse ersetzt man daher in praxi den Marktzins r durch einen (risikoadjustierten) von den Investoren geforderten Zins (*required rate of return*).

Beispiel 3.4

Gegeben sei ein Unternehmen, das aktuell eine Dividende von EUR 7 ausgeschüttet hat. Welchen Wert (unmittelbar nach Dividendenzahlung) besitzt das Unternehmen, wenn man von einer Dividendenwachstumsrate von 6.25% und einer von den Investoren geforderten Verzinsung von 8.5% ausgeht?

Lösung:

$$v_0 = \frac{7 \cdot (1.0625)}{0.0225} = 330.56 \,.$$

$(0{,}085 - 0{,}0625)$

3.2 Renditerechnung

3.2.1 Vorbemerkungen

Ziel der Renditerechnung ist die Bestimmung der Kapitalrentabilität bzw. der effektiven Verzinsung (*Effektivzins*) eines bei Tätigung eines Investments bzw. bei Durchführung einer Investition anfänglich eingesetzten Kapitals (allgemeiner: eines eingesetzten Kapitalstroms). Dies kann aus einer Planungsperspektive (Planrendite eines Investments unter Sicherheit) oder einer Kontrollperspektive (realisierte Performance) geschehen.

Ziel der Renditerechnung

Zentrale Problematik von Renditerechnungen ist die Wiederanlageproblematik, d.h. bei einem vorgegebenen Analysezeitintervall [0, T] muss eine Annahme darüber getroffen werden, wie zwischenzeitliche (vor T anfallende) Rückflüsse (Dividenden, Kupons, Mieten) bis zu T wieder angelegt werden. Die getroffene (explizite oder implizite) Wiederanlageprämisse beeinflusst die berechnete Rendite gegebenenfalls erheblich und ist (auch hinsichtlich ihrer Realitätsnähe) kritisch zu hinterfragen. Unproblematisch sind nur Investments/Investitionen ohne zwischenzeit-

Wiederanlageproblematik

Wiederanlageprämisse

liche Zahlungsflüsse (z.B. Thesaurierung oder Zerobonds) sowie (strikt) einperiodige Investments.

3.2.2 Einperiodiges Investment

Wir wenden uns zunächst dem Fall eines einperiodigen Investments zu. Gegeben sei hier ein anfänglich ($t = 0$) investierter Vermögensbetrag v_0. Es erfolge eine vollständige Liquidation der Position in $t = 1$ mit einem Liquidationserlös der Höhe v_1 bzw. alternativ eine Bewertung des Investments zum Marktwert v_1 in $t = 1$. Zwischenzeitliche Rückflüsse erfolgen nicht. Aus dieser Situation ergibt sich als zeitdiskrete Einperiodenrendite

(3.6a)
$$r = \frac{v_1 - v_0}{v_0} = \frac{v_1}{v_0} - 1,$$

bzw. als zeitstetige Einperiodenrendite

(3.6b)
$$u = \ln(1 + r) = \ln\left(\frac{v_1}{v_0}\right).$$

Im ersten Fall muss nämlich $v_1 = v_0(1 + r)$ gelten, im zweiten $v_1 = v_0\, e^u$. Durch Auflösung nach r bzw. u erhält man (3.6a) bzw. (3.6b).

Beispiel 3.5: Einperiodige Rendite

1. Bei einperiodiger Anlage eines Anfangskapitals K_0 zum Zinssatz i folgt $K_1 = K_0 \cdot (1+i)$ und damit

$$r = \frac{K_0 \cdot (1 + i)}{K_0} - 1 = i\,.$$

2. Ex post-Analyse einer einperiodigen Aktienanlage: Kauf zu K_0 in $t = 0$; Liquidation/Marktbewertung in $t = 1$ zu K_1; Dividende D wird $t = 1$ zugerechnet (unterjährige Verzinsungseffekte werden vernachlässigt). Hieraus resultiert die *Cum Dividenden-Rendite*

$$r = \frac{K_1 + D - K_0}{K_0}\,.$$

3.2.3 Endfälliges Investment

Wenden wir uns nun dem Fall eines endfälligen Investments zu. Hierbei erfolgt zum Zeitpunkt t = 0 ein Investment der Höhe v_0 und zum Zeitpunkt T die einzige Rückzahlung in Höhe von v_T.

Endfälliges Investment

Die Gesamtrendite r(0, T) dieser Investition ist eine Renditegröße bezüglich des gesamten Investmentzeitraums und ergibt sich zu

$$(3.7) \qquad r(0,T) = \frac{v_T - v_0}{v_0} .$$

Offenbar folgt hieraus dann korrekterweise $v_T = v_0 \cdot [1 + r(0,T)]$.

Zur besseren Vergleichbarkeit ist man an der äquivalenten Einperiodenrendite (bei Ansatz eines Jahres als Periode spricht man auch von annualisierter Rendite) interessiert. Diese ergibt sich aufgrund der Forderung $(1 + r_G)^T = 1 + r(0,T)$ zu

annualisierte Rendite

$$(3.8) \qquad r_G = \sqrt[T]{1 + r(0,T)} - 1 .$$

Weitergehend betrachten wir den Fall einer permanenten Kapitalakkumulation, beispielsweise in einem thesaurierenden Fonds. Hierzu gehen wir aus von t = 1,...,T äquidistanten Investmentperioden. Das investierte Kapital v_0 wachse sukzessiv auf die Vermögenswerte $v_1,...,v_T$ an. Die gewöhnliche Einperiodenrendite r_t der t-ten Periode ist dann gegeben durch (t = 1,...,T)

$$(3.9) \qquad r_t = \frac{v_t - v_{t-1}}{v_{t-1}}$$

und es gilt insgesamt

$$(3.10) \qquad v_T = v_0 \cdot (1+r_1) \cdot (1+r_2) \cdot ... \cdot (1+r_T) = v_0 \cdot \prod_{t=1}^{T} (1+r_t) .$$

Es stellt sich nun die Frage nach der korrekten äquivalenten Periodenrendite des Gesamtinvestments. Die korrekte Durchschnittsrendite ist dabei gegeben durch das geometrische Mittel r_G (*geometrisch annualisierte Rendite*)

geometrisch annualisierte Rendite

$$(3.11) \qquad r_G = \sqrt[T]{(1+r_1) \cdot ... \cdot (1+r_T)} - 1 = \sqrt[T]{\prod_{t=1}^{T} (1+r_t)} - 1 .$$

Daneben wird häufig das arithmetische Mittel r_A (*arithmetisch annualisierte Rendite*) als Maß für die durchschnittliche Verzinsung benutzt:

arithmetisch annualisierte Rendite

$$(3.12) \quad r_A = \frac{1}{T} \cdot (r_1 + \dots + r_T) = \frac{1}{T} \cdot \sum_{t=1}^{T} r_t .$$

Allgemein gilt hierbei stets $r_A \geq r_G$ (das Gleichheitszeichen gilt nur bei r_1 $= \dots = r_T$). Hieraus folgt, dass die arithmetische Annualisierung im Vergleich zur korrekten Rendite systematisch zu hoch ausfällt. Zu einem Beweis dieser Aussage vergleiche man etwa Albrecht/Maurer 2005, Anhang 2A.

Beispiel 3.6

Wir betrachten den Fall identischer Periodenrenditen, d.h. $r_1 = \dots r_T = r$. *Es gilt dann:*

$$r_A = \frac{T \cdot r}{T} = r$$

$$r_G = \sqrt[T]{(1+r)^T} - 1 = r$$

Die arithmetisch annualisierte Rendite und die geometrisch annualisierte Rendite sind in diesem Fall offenbar identisch.

Beispiel 3.7: Arithmetisch vs. geometrisch annualisierte Rendite

Entwicklung Aktienkurs: $v_0 = 75$; $v_1 = 120$; $v_2 = 75$

Rendite in Periode 1	Rendite in Periode 2
$r_1 = \dfrac{120 - 75}{75} = 0.6 \ (60\%)$	$r_2 = \dfrac{75 - 120}{120} = -0.375 \ (37.5\%)$

Arithmetisch annualisierte Rendite:

$$r_A = \frac{1}{2} \cdot (0.6 - 0.375) = 0.1125 \ (11.25\%)$$

Geometrisch annualisierte Rendite:

$$r_G = \sqrt{(1 + 0.6) \cdot (1 - 0.375)} - 1 = \sqrt{1} - 1 = 0 \ (0\%).$$

Offenbar liefert nur die geometrisch annualisierte Rendite das korrekte Ergebnis.

3.2.4 Mehrperiodige Investments

Wir kommen schließlich zu alternativen Renditekonzeptionen für mehr-   Standardinvestment
periodige Investments. Wir beschränken uns hierbei der Einfachheit halber auf ein Investment in Form eines Standardinvestments, charakterisiert
durch eine Zahlungsreihe der Form $\{-az_0, z_1, ..., z_T\}$. Dabei bezeichnet az_0
den anfänglichen Investmentbetrag sowie $z_1, ..., z_T$ die positiven Rückflüsse aus dem Investment, d.h. $z_t > 0$.

    Zielsetzung ist nun die Bestimmung der Effektivverzinsung des ein-   Effektivverzinsung
gesetzten Kapitals az_0. Hierfür muss (grundsätzlich) die Verzinsung der
Rückflüsse bis zum Zeitpunkt T spezifiziert werden (Wiederanlageproble-   Wiederanlage-
matik). Die einzelnen Methoden unterscheiden sich dann hinsichtlich der   problematik
jeweils in sie eingehenden Wiederanlageprämisse.

    Wir betrachten zunächst zwei Standardbeispiele für mehrperiodige In-
vestments.

I.   *Festzinsinvestment*:
Ein festverzinslicher Finanztitel werde zum Emissionszeitpunkt $t = 0$ zum
Kurs K_0 gekauft und weise die Rückflüsse (Zins- und Tilgungszahlungen)
$z_1, ..., z_T$ auf. Das Papier ist charakterisiert durch die Zahlungsreihe $\{-K_0,$
$z_1, ..., z_T\}$.

    Die Wiederanlageproblematik resultiert in diesem Fall aus der Wieder-
anlage der Rückflüsse.

II.   *Mehrperiodiges Aktieninvestment*:
Eine Aktie werde in $t = 0$ unmittelbar nach einer erfolgten Dividendenzahlung zum Ex-Dividenden-Kurs K_0 gekauft. Zu den Zeitpunkten $t = 1, ..., T$
erfolge jeweils eine Dividendenzahlung in Höhe von D_t. Zum Zeitpunkt t
$= T$ werde die Aktie zum Ex-Dividenden-Kurs K_t verkauft. Die Zahlungsreihe dieser Investition ist gegeben durch

$$\{-K_0, D_1, ..., D_{T-1}, D_T + K_T\}$$

Die Wiederanlageproblematik resultiert in diesem Fall aus der Wiederanlage der Dividendenzahlungen.

    Wir wenden uns nun einer ersten Renditekonzeption zu, dem Ansatz   durchschnittliche
der *durchschnittlichen Rendite*. Diese ist gegeben durch   Rendite

$$(3.13) \qquad r_D = \frac{1}{T} \cdot \frac{\sum_{t=1}^{T} z_t - az_0}{az_0}.$$

Im Falle T = 1 entspricht die durchschnittliche Rendite dabei der Einperiodenrendite. Im Falle T > 1 wird die Möglichkeit der Wiederanlage der Rückflüsse ignoriert bzw. ein Wiederanlagezins in Höhe von Null angesetzt. Zudem wird der Prozess der Verzinsung nicht korrekt modelliert (man vergleiche zu einem korrekten Ansatz die späteren Ausführungen zum modifizierten internen Zinsfuß).

Beispiel 3.8: Durchschnittliche Rendite

$az_0 = 100$; $z_1 = 40$; $z_2 = 70$

Durchschnittliche Rendite:

$$r_D = \frac{1}{2} \cdot \left(\frac{(40 + 70) - 100}{100} \right) = 0.05 \ (5\%).$$

Nun ergibt die Anlage von az_0 über zwei Perioden zu einem Zinssatz von 5%

$$az_0 \cdot (1.05)^2 = 100(1.05)^2 = 10.25.$$

Andererseits ergibt die Wiederanlage der Rückflüsse zu 5%

$$z_1 \cdot (1.05) + z_2 = 40(1.05) + 70 = 112.$$

Dies belegt, dass die Rendite nicht korrekt ermittelt worden ist.

---

interner Zinsfuß

Als zweite Konzeption zur Renditebestimmung betrachten wir den internen Zinsfuß. Die Bezeichnung interner Zinsfuß rührt daher, dass zu seiner Berechnung nur die Kenntnis der Zahlungsreihe selbst benötigt wird und keine weitergehenden exogenen Informationen. Der *interne Zinsfuß (Internal Rate of Return)* r_I eines Investments $\{-az_0, z_1, ..., z_T\}$ ist dann dabei derjenige Zins, bei dessen Ansatz als Diskontierungsfaktor der Kapitalwert des Investments den Wert Null annimmt. Zu lösen ist somit die Gleichung (Barwertvariante)

(3.14a) $$K_0(r) = -az_0 + \sum_{t=1}^{T} z_t \cdot (1+r)^{-t} = 0$$

bzw. äquivalent (Endwertvariante)

(3.14b) $$K_T(r) = -az_0 \cdot (1+r)^T + \sum_{t=1}^{T} z_t \cdot (1+r)^{T-t} = 0$$

im Bereich r ≥ –1. Der interne Zinsfuß r_I ist dann die Lösung $r = r_I$ von (3.14a) oder alternativ (3.14b).

Setzt man q = 1 + r und betrachtet den Fall T = 2, so führt die Endwertvariante (3.14b) auf die Gleichung

$$-az_0q^2 + z_1q + z_2 = 0,$$

mithin einem Spezialfall der quadratischen Gleichung

$$ax^2 + bx + c = 0$$

mit der Standardlösung

$$x_{1,2} = \frac{-b \pm \sqrt{b^2 - 4ac}}{2a}.$$

Im allgemeinen Fall führt die Interne Zinsfuß-Gleichung auf die Problematik der Nullstellenbestimmung von Polynomen. Diese wird in Anhang 3B erörtert.

Im Falle eines Standardinvestments $\{-az_0, z_1, ..., z_T\}$ liegt nur ein Vorzeichenwechsel vor. Aus der Descarteschen Zeichenregel (auch: Cartesische Zeichenregel) lässt sich in diesem Falle ableiten, dass genau ein interner Zinsfuß $r_I > -1$ existiert. Ist darüber hinaus (*Normalinvestment*) das sogenannte Deckungskriterium

Normalinvestment

$$\sum_{t=1}^{T} z_t > az_0$$

erfüllt, d.h., die Summe der Rückflüsse übersteigt die Anfangsinvestition (äquivalent hierzu ist offenbar $K_0(0) > 0$), so existiert sogar genau ein positiver interner Zinsfuß $r_I > 0$. Ein entsprechender Beweis wird in Anhang 3D gegeben.

Existenz interner Zinsfuß

Die Abbildung 3.1 illustriert den Zusammenhang zwischen Kapitalwertfunktion $K_0(r)$ – der Variation des Kapitalwerts in Abhängigkeit vom Diskontierungszinssatz (hier: r ≥ 0) – und dem internen Zinsfuß r_I.

Kapitalwertfunktion

Die internen Zinsfüße der Einheitszerobonds werden als *Spot Rates* bezeichnet. Ist b(0,t) der Preis des Einheitszerobonds mit Laufzeit t, so lautet die Interne Zinsfuß-Gleichung

Spot Rates

$$b(0,t) = 1 \cdot (1+r)^{-t}.$$

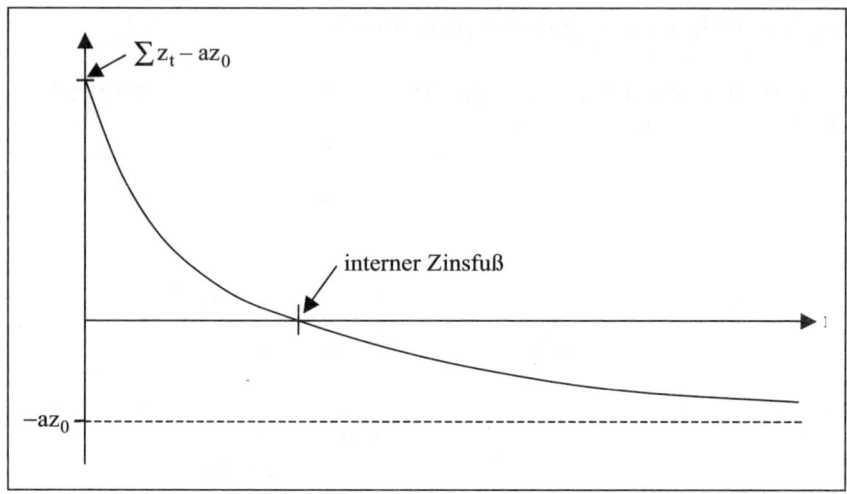

Abb. 3.1: Kapitalwertfunktion und interner Zinsfuß bei einem Normalinvestment

Aus der entsprechenden Auflösung nach $r = r_I$ resultiert hieraus

(3.15)
$$r_I = \sqrt[t]{\frac{1}{b(0,t)}} - 1 \, .$$

Beispiel 3.9: Spot Rate

Zu bestimmen ist der interne Zinsfuß eines Zerobonds mit Rückzahlung $N = 100$ in 8 Jahren, der einen heutigen Kurs von EUR 65.40 aufweist.

Es gilt:

Interne Zinsfuß-Gleichung: $100 = 65.40 \cdot (1 + r)^8$

Interner Zinsfuß: $r_I = \sqrt[8]{\dfrac{100}{65.40}} - 1 = 0.0545 \ (5.45\%)$.

Yield to Maturity

Wenden wir uns damit einem zweiten Beispiel zu, der Bestimmung des internen Zinsfußes eines Bondinvestments. In diesem Kontext wird der interne Zinsfuß auch als *Yield to Maturity* bezeichnet.

Beispiel 3.10: Interner Zinsfuß Standardbond

Betrachtet werde ein zweijähriger Standardbond mit 6.8% Nominalzins, Nennwert N = 100 und einem heutigen Kurs von EUR 98.20. Bestimmen Sie den internen Zinsfuß!

Zahlungsstrom: $\{-98.20, 6.8, 106.8\}$

Interner Zinsfuß-Gleichung: (Endwertform, q = 1+r, Multiplikation mit -1)

$$98.20 \cdot q^2 - 6.8 \cdot q - 106.8 = 0$$

Lösung:

$$q_{1,2} = \frac{6.8 \pm \sqrt{46.24 + 41\,951.04}}{196.40} = \frac{6.8 \pm 204.93}{196.40}$$

Zulässige Lösung: $q_I = 1.0781$ bzw. $r_I = 0.0781$ (7.81%).

Eine allgemeine international anerkannte Zinskonzeption ist der *Effektivzinssatz nach ISMA* (International Securities Market Association, früher: AIBD: Association of International Bond Dealers). Der Effektivzinssatz eines Zahlungsstroms $\{z(t_1), ..., z(t_n)\}$, $0 < t_1 < ... < t_n$, ist hierbei Lösung der Gleichung:

(margin: Effektivzinssatz nach ISMA)

$$(3.16) \qquad P_0(r) = \sum_{i=1}^{n} z(t_i) \cdot (1+r)^{-t_i}.$$

Basis des Effektivzinssatzes nach ISMA ist somit offenbar der interne Zinsfuß (im Kontext des verallgemeinerten Zahlungsstrommodells).

Zur Bestimmung des Effektivzinssatzes einer Zahlungsreihe der Form $\{z(t_1), ..., z(t_n)\}$ existieren diverse Praxisvarianten (Braess-Fangmeyer, US, 360-Tage-Methode; vgl. hierzu etwa Tietze 2006, Kapitel 5). Diese unterscheiden sich primär durch den spezifischen Zinsansatz für unterjährige Perioden.

Wenden wir uns damit der ökonomischen Problematik des internen Zinsfußes als Maßzahl für die Effektivverzinsung eines eingesetzten Kapitals zu. Die Endwertvariante (3.14b) zur Bestimmung des internen Zinsfußes in der Form

(margin: ökonomische Problematik des internen Zinsfußes)

$$az_0 \cdot (1+r_I)^T = \sum_{t=1}^{T} z_t \cdot (1+r_I)^T$$

legt die implizite Wiederanlageprämisse des internen Zinsfußes offen. Es wird angenommen, dass sämtliche Wiederanlagen zum internen Zinsfuß des Ausgangsinvestments vorgenommen werden. Dies ist jedoch sehr unrealistisch, denn der interne Zinsfuß ist ja gerade charakteristisch für das Ausgangsinvestment und damit nicht für Folgeinvestments. Der interne Zinsfuß beinhaltet somit im Allgemeinen eine verzerrte Messung der Effektivverzinsung. Die Problematik entfällt (natürlich auch bei alternativen Rendidekonzeptionen) bei Investments in Form eines Zerobonds. Kommen wir damit zur korrekten Interpretation des internen Zinsfußes.

Äquivalent zu (3.14b) gilt

$$(3.17) \qquad \big[[az_0 \cdot (1 + r_I) - z_1] \cdot (1 + r_I) - \ldots - z_{T-1}\big] \cdot (1 + r_I) - z_T = 0 \,.$$

Der interne Zinsfuß gibt daher in korrekter ökonomischer Interpretation die Effektivverzinsung des jeweils noch gebundenen Kapitals an – im Unterschied zur Effektivverzinsung des anfänglich eingesetzten Kapitals.

Beispiel 3.11: Interpretation interner Zinsfuß

Verifizieren Sie die Interpretation (3.17) des internen Zinsfußes anhand der Zahlungsreihe {-100, 45, 20, 35, 10}, deren interner Zinsfuß gegeben ist durch $r_I = 0.04721$!

Gebundenes Kapital:

$t = 0$	100
$t = 1$	$100 \cdot (1.04721) - 45 = 59.72$
$t = 2$	$59.72 \cdot (1.04721) - 20 = 42.54$
$t = 3$	$42.54 \cdot (1.04721) - 35 = 9.55$
$t = 4$	$9.55 \cdot (1.04721) - 10 = 0$

---

modifizierter interner Zinsfuß

Die Problematik der Wiederanlageprämisse, die dem internen Zinsfuß zugrunde liegt, bildet den Ausgangspunkt für den *modifizierten internen Zinsfuß* (*Baldwin-Verzinsung*). Diese Methode erlaubt die Verwendung eines tatsächlich realisierbaren Wiederanlagezinssatzes r_0.

Die Vorgehensweise lautet wie folgt:
1. Spezifiziere einen Wiederanlagezinssatz r_0
2. Bestimme den zugehörigen Endwert der Rückflüsse
3. Bestimme den Zinsfuß r_B, unter dem der Investitionsbetrag auf diesen Endwert wächst.

Formal ergibt sich die Endwertgleichung

$$(3.18) \quad az_0 \cdot (1+r_B)^T = \sum_{t=1}^{T} z_t \cdot (1+r_0)^{T-t} = (1+r_0)^T \cdot \sum_{t=1}^{T} z_t \cdot (1+r_0)^{-t}.$$

Als explizite Lösung dieser Gleichung resultiert hieraus

$$(3.19) \quad r_B = (1+r_0) \cdot \sqrt[T]{\frac{1}{az_0} \cdot \sum_{t=1}^{T} z_t \cdot (1+r_0)^{-t}} - 1.$$

Es existiert damit stets eine eindeutige, mathematisch einfach ermittelbare Lösung. Aufgrund der expliziten Berücksichtigung des Wiederanlagezinssatzes werden allerdings zusätzliche Informationen im Vergleich zur Internen Zinsfuß-Methode benötigt.

Beispiel 3.12: Modifizierter interner Zinsfuß

Berechnen Sie den modifizierten internen Zinsfuß der Zahlungsreihe {–200, 75, 85, 55, 20} unter der Prämisse einer Wiederanlage der Rückflüsse zu 4.25 %!

Gleichung für den modifizierten internen Zinsfuß:

$$200 \cdot (1+r_B)^4 = 75 \cdot (1.0425)^3 + 85 \cdot (1.0425)^2 + 55 \cdot (1.0425) + 20.$$

Es folgt:

$$(1+r_B)^4 = \frac{254.6907}{200} = 1.2735$$

$$r_B = \sqrt[4]{1.2375} - 1 = 0.0623 \ (6.23\%).$$

3.2.5 Rendite von Fondsinvestments

Die Adäquanz einer Renditegröße im Kontext von Fondsinvestments ist abhängig von der mit der Renditebestimmung verbundenen Zielsetzung. Als mögliche Ziele kommen hierbei in Frage:

Zielsetzungen

• Die Messung der reinen Managementleistung
  Es sollen nur die durch das Fondsmanagement beeinflussbaren Dispositionen berücksichtigt werden.

- Die Messung der Gesamtperformance
  Es soll eine Beurteilung des Gesamterfolgs der Anlage aus Sicht des Investors erfolgen.

Zahlungsmodell

Wir entwickeln zunächst ein allgemeines Zahlungsmodell für die Entwicklung des Gesamtwerts eines Fonds und zerlegen hierzu den Betrachtungszeitraum [0,T] in äquidistante Teilperioden (Monate, Jahre) [0,1], [1,2], ..., [T-1,T]. Wir treffen dann die folgenden Notationen:

v_0 : (Gesamt-)Wert des Fonds zu Beginn des Betrachtungszeitraums

v_1 : Wert des Fonds am Ende der ersten Teilperiode

$v_1 + z_1$: Wert des Fonds zu Beginn der zweiten Teilperiode

v_2 : Wert des Fonds am Ende der zweiten Teilperiode

$v_2 + z_2$: Wert des Fonds zu Beginn der dritten Teilperiode

$\vdots$

v_T : Wert des Fonds am Ende des Betrachtungszeitraums

Dabei bezeichnen die Größen z_t die Nettozahlungen in ($z_t > 0$) bzw. aus ($z_t < 0$) dem Fonds zu den Zeitpunkten t = 1,...,T-1, wobei wir davon ausgehen, dass diese jeweils exakt zu Periodenbeginn (bzw. fiktiv in der logischen Sekunde zwischen den Perioden [0,1], [1,2], ..., [T-1,T]) erfolgen. Im Fall $z_t = 0$ ist die Nettozahlung gerade gleich null. Nettozahlung bedeutet hierbei, dass über alle Zu- und Abflüsse bedingt durch entsprechende Dispositionen der Einzelanleger saldiert wird. Insgesamt wird der Fonds somit aus einer kollektiven Sichtweise, d.h. über alle Einzelanleger aggregiert, betrachtet. Die Menge der einzelnen Anleger kann dabei in t = 0,...,T-1 variieren, d.h. die Einzahlungen in t = 1,...,T-1 können sowohl durch die Startgeneration als auch durch neue Anleger getätigt werden. Auszahlungen sind partielle oder komplette Desinvestitionen seitens der jeweils vorhandenen Anleger.

Wir treffen als weiteres die Annahme, dass ein thesaurierender Fonds vorliegt. Abflüsse sind daher stets nur Desinvestitionen seitens der Investoren.

Die um Kapitalzuführungen bzw. -entnahmen bereinigte Rendite der Periode [t-1,t] (t = 1,...,T) ist ($z_0 := 0$) dann gegeben durch

(3.20)
$$r_t = \frac{v_t}{v_{t-1} + z_{t-1}} - 1.$$

zeitgewichtete Rendite (Perspektive Fondsmanager)

Die jeweiligen Einperiodenrenditen der Teilperioden geben dabei die Rendite des in der jeweiligen Teilperiode gebundenen Kapitals an. Hieraus ergibt sich gemäß den Ausführungen des Abschnitts 3.2.3 die zeitgewichtete Gesamtrendite zu

(3.21) $\qquad r_{ZGR}(0,T) = \left[\prod_{t=1}^{T}(1+r_t) \right] - 1 = \left[\prod_{t=1}^{T} \frac{v_t}{v_{t-1}+z_{t-1}} \right] - 1,$

bzw. in annualisierter Form die *zeitgewichtete Rendite* zu

(3.22) $\qquad r_{ZGR} = \sqrt[T]{\prod_{t=1}^{T}(1+r_t)} - 1.$

Die nicht im Einflussbereich des Fondsmanagers liegenden Timing-Effekte von externen Einlagen in den Fonds oder Entnahmen aus dem Fonds werden durch diese Vorgehensweise neutralisiert. Die zeitgewichtete Rendite stellt ein von der zeitlichen und betraglichen Struktur der Mittelzu- und -abflüsse unabhängiges Renditemaß dar. Die zeitgewichtete Rendite (*Time Weighted Rate of Return*, TWR) bildet somit ein geeignetes Maß für die Beurteilung der Leistung des Fondsmanagers, da dieser keinerlei Einfluss auf die Höhe z_t der Zu- bzw. Abflüsse besitzt.

Bisher haben wir die Perspektive des Fondsmanagers eingenommen. Dieser hat keinerlei Einfluss auf die Dispositionen der Anleger in den Fonds.

Wenden wir uns nunmehr der Perspektive der Investoren zu. Für diese ist das Fondsinvestment ein mehrperiodiges Investment, wie es in Abschnitt 3.2.4 behandelt worden ist. Gehen wir der Einfachheit wegen (um die bisherige Notation beibehalten zu können) davon aus, dass nur ein einzelner Investor (etwa ein großer institutioneller Investor wie im Falle eines Spezialfonds) existiert, dem sämtliche Zahlungen (konkret v_0, z_1, ..., z_{T-1}) zuzurechnen sind. Aus seiner Sicht ergibt sich die folgende Zahlungsreihe aus seinem Fondsinvestment:

$$\{-v_0, -z_1, ..., -z_{T-1}, v_T\}.$$

Der interne Zinsfuß r_I dieser Zahlungsreihe wird im Zusammenhang mit der Fondsperformancemessung auch *kapitalgewichtete Rendite* genannt. Er ergibt sich durch Lösung $r = r_I$ der Gleichung

kapitalgewichtete Rendite (Perspektive Investor)

(3.23) $\qquad v_0 \cdot (1+r)^T + \sum_{t=1}^{T-1} z_t \cdot (1+r)^{T-t} = v_T.$

Aus Sicht eines einzelnen Investors wählt man den gleichen Ansatz, man muss dann nur auf die konkrete Zahlungsreihe, die durch sein Fondsinvestment ausgelöst wird, abstellen.

Beispiel 3.13: Renditen von Fondsinvestments

Wir betrachten zwei Investmentfonds A und B mit identischer Anlagepolitik. Die Ausgangsdaten lauten wie folgt:

	Vermögen in $t = 0$	Zufluss in $t = 1$
Fonds A	100 000 EUR	-
Fonds B	50 000 EUR	50 000 EUR

Beide Fonds erzielen im ersten Jahr eine Rendite von 10%, im zweiten Jahr von 5%. Die Wertentwicklungen lauten damit:

	v_0	$v_1 = v_0 \cdot (1.1)$	$v_2 = (v_1 + z_1) \cdot (1.05)$
Fonds A	100 000 EUR	110 000 EUR	115 500 EUR
Fonds B	50 000 EUR	55 000 EUR	110 250 EUR

Am Ende des zweijährigen Betrachtungszeitraums folgt damit für die Zahlungsreihen:

Fonds A	Fonds B
{-100 000, 0, 115 500}	{-50 000, -50 000, 110 250}

Interner Zinsfuß Fonds A:

$$100\,000 \cdot (1 + r_{I,A})^2 = 115\,500 \Rightarrow r_{I,A} = 7.47\%$$

Interner Zinsfuß Fonds B:

$$50\,000 \cdot (1 + r_{I,B})^2 + 50\,000 \cdot (1 + r_{I,B})^1 = 110\,250 \Rightarrow r_{I,B} = 6.68\%$$

Trotz einer identischen Anlagepolitik sind die kapitalgewichteten Renditen (erwartungsgemäß) unterschiedlich. Auf der anderen Seite ergibt sich für die zeitgewichtete Rendite (erwartungsgemäß) ein identischer Wert.

Fonds A	$1 + r_{ZGR}(0,2) = \dfrac{110000}{100000} \cdot \dfrac{115500}{110000} = 1.1 \cdot 1.05 = 1.155$
Fonds B	$1 + r_{ZGR}(0,2) = \dfrac{55000}{50000} \cdot \dfrac{110250}{105000} = 1.1 \cdot 1.05 = 1.155$
In annualisierter Form:	$r_{ZGR} = \sqrt{1.155} - 1 = 0.0747 \ (7.47\%)$

3.2.6 Fallstudie: Fondsinvestment

Gegeben seien die folgenden Daten hinsichtlich der Wertentwicklung eines Fondsinvestments:

Fallstudie

Wertentwicklung eines Investmentfonds		
Vermögen in t = 0	EUR	500 000
Wertzuwachs bis t = 1	EUR	50 000
Vermögen nach Zuwachs in t = 1	EUR	550 000
Externer Zufluss in t = 1	EUR	1 000 000
Vermögen nach Zufluss in t = 1	EUR	1 550 000
Wertzuwachs bis t = 2	EUR	- 100 000
Vermögen nach Zuwachs in t = 2	EUR	1 450 000

Wie hoch sind die (annualisierte) zeitgewichtete Rendite bzw. die kapital-gewichtete Rendite ?

Bei der zeitgewichteten Rendite wird die Managementleistung der beiden Perioden zuerst isoliert ermittelt.

Periode 1	Periode 2:
$\dfrac{550000}{500000} - 1 = 1.1 - 1$ $= 0.1\,(10\%)$	$\dfrac{1450000}{1550000} - 1 = 0.93548 - 1$ $= -0.06452\,(-6.452\%)$

Die zeitgewichtete Rendite p.a. berechnet sich dann als geometrisches Mittel:

$$r_{ZGR} = \sqrt{\frac{550000}{500000} \cdot \frac{1450000}{1550000}} - 1 = \sqrt{1.1 \cdot (0.93548)} - 1$$

$$= 1.0144 - 1 = 0.0144\,(1.44\%).$$

Der prozentuale Wertzuwachs der ersten Teilperiode wiegt somit schwerer als der Wertverlust in der zweiten Teilperiode, die Gesamtrendite aus Sicht des Managers des Investmentfonds ist positiv.

Fallstudie   Die interne Rendite berechnet sich gemäß (Endwertform):

$$500\,000 \cdot (1 + r)^2 + 1\,000\,000 \cdot (1 + r) = 1\,450\,000.$$

Die einzig ökonomisch sinnvolle Lösung $r = r_I$ lautet

$$1 + r_I = 0.974842 \text{ bzw. } r_I = 0.025158 \ (-2.5158\%),$$

die Gesamtrendite aus Sicht des Investors ist somit negativ. Die Wertentwicklung des jeweils gebundenen Kapitals unter dem Zinssatz -2.5158% lautet entsprechend:

Gebundenes Kapital in $t = 0$	500 000
Verzinsung bis $t = 1$: $500\,000 \cdot (0.974842) =$	487 421
Gebundenes Kapital in $t = 2$	1 487 421
Verzinsung bis $t = 2$: $1\,487\,421 \cdot (0.974842) =$	**1 450 000**

3.3 Aufgaben zu Kapitel 3

Hinweis: Die mit einem * gekennzeichneten Aufgaben weisen einen entsprechend höheren Schwierigkeitsgrad auf.

3.3.1 Aufgaben zu Abschnitt 3.1

Aufgabe 3.1.1
Bestimmen Sie den fairen Kurs der folgenden Finanztitel bei einem Marktzinssatz von $r = 10\%$ im Zeitpunkt $t = 0$:

a) Ein in $t = -3$ ausgegebener Zerobond mit einer Laufzeit von 10 Jahren und einem Tilgungsbetrag von 800 €.

b) Ein Zinstitel mit den Zinszahlungen {9 000, 10 000, 11 000} in den Perioden $t = 1, 2, 3$ sowie Rückzahlung des Nennwertes von 100 000 € in $t = 3$.

c) Ein Wertpapier eines erfolgreichen Unternehmens, das bis in alle Ewigkeit eine jährliche Dividende in Höhe von 25 € abwirft. Die nächste Dividendenzahlung erfolgt in genau einem Jahr.

d) Ein Wertpapier eines weniger erfolgreichen Unternehmens, das in den nächsten 9 Jahren eine Dividende in Höhe von 10 € abwirft, dann aber insolvent wird. Die Aktien verfallen wertlos.

e) Ein Wertpapier eines besonders erfolgreichen Unternehmens. In t = 1 werde eine Dividende in Höhe von 20 € ausgeschüttet, die jedes darauf folgende Jahr um 6% p.a. anwächst.

Aufgabe 3.1.2

Entscheider Ernst betrachtet im Rahmen einer bedeutenden Investitions-entscheidung die folgenden Finanztitel:

- Titel A: Ein Standardbond mit einer Restlaufzeit von 3 Jahren, Nenn-wert 45 Euro und nachschüssigen Zinsen in Höhe von 9% p.a. Die gegenwärtig anfallenden Zinsen sind bereits ausgezahlt.
- Titel B: Ein Zerobond mit Laufzeit von 7 Jahren und Nennwert 58 Euro, der vor 4 Jahren ausgegeben wurde.
- Titel C: Eine Aktie eines Unternehmens, das ab dem nächsten Jahr eine jährliche Dividende ausgeben wird, die beginnend bei 2.50 Euro zweimal um 2% p.a. wächst. Die Aktie weise nach der dritten Dividen-denzahlung einen Wert von 50 Euro auf.

a) Bestimmen Sie den fairen Wert der Finanztitel bei einem Kalkulations-zinssatz von r = 5% p.a. Welchen der Titel sollte Ernst wählen, wenn er sie zu einem Marktpreis von jeweils 50 Euro erwerben könnte?

b) Welche Entscheidung sollte Ernst fällen, wenn er mit einem Zinssatz (jeweils p.a.) von 1% im ersten, 5% im zweiten und 9% im dritten Jahr kalkuliert?

c) Ändert sich die Entscheidung, wenn die Reihenfolge der Kalkulations-zinsssätze umgekehrt ist?

* Aufgabe 3.1.3

Kalle Kater, Eigner des weltbekannten Rattengiftherstellers KK, bringt sein Unternehmen in t = 0 an die Börse. Der Ausgabekurs der Aktie be-trägt 100 €, die erste Dividende in Höhe von 2.50 Euro werde exakt zwei Jahre nach Börsengang ausgeschüttet. In der Folgezeit entwickelt sie sich wie folgt:

- Zunächst wächst die Dividende 10 Jahre lang mit einer Rate von jähr-lich 2%.
- In den darauf folgenden 7 Jahren stagniert das Dividendenwachstum ebenso wie die Gewinnsituation.
- Der Vorstand der KK AG fährt daraufhin eine Marktentwicklungsstra-tegie und beschließt eine Ausweitung der Produktpalette um Bärentöter und sonstige Hilfsmittel zur Großwildjagd. Gewinne werden 4 Jahre

lang nicht ausgeschüttet, sondern in den Aufbau und die Konsolidierung des neuen Geschäftsfeldes investiert.

- Diese Maßnahme erweist sich als voller Erfolg, die Dividende erreicht im folgenden Jahr das Niveau vor der Expansion und wächst von da an bis in alle Ewigkeit um 4% jährlich.

a) Beurteilen Sie, ob die Aktie in t = 0 korrekt bewertet war, wenn der Kalkulationszinssatz 5% p.a. beträgt.

b) Wie fällt ihr Urteil aus Aufgabenteil a) aus, wenn die Welt exakt 100 Jahre nach dem Börsengang und Sekunden vor der Auszahlung der Dividende untergeht, nachdem die KK AG ihre neue Allzweckwaffe KKoeter auf den Markt gebracht hat?

* Aufgabe 3.1.4

Investmentbanker Daniel plant am 01.07.2005 ein Investment zu tätigen und hat dafür bei einem Kalkulationszinssatz von 5% p.a. und unter Verwendung der Konvention 30/360 die folgenden Alternativen zur Auswahl:

- Die Aktie der Sensibil AG wird gegenwärtig zu 60 Euro gehandelt. Die nächste Dividende wird am 01.09.2005 ausgegeben und bleibt bis in alle Ewigkeit konstant bei 3 Euro.
- Die Aktie der Firm AG hat derzeit ebenfalls einen Marktwert von 60 Euro. Zwar ist aufgrund derzeitiger Investitionen in den nächsten Jahren nicht mit Ausschüttungen zu rechnen, ab einer Dividendenzahlung in Höhe von 2 Euro am 01.03.2008 wächst die Dividende jedoch mit 2% pro Jahr.

a) Berechnen Sie den fairen Wert der beiden Wertpapiere. Welches sollte Daniel erstehen?

b) Gehen Sie nun davon aus, dass die Dividenden auf konjunkturelle Schwankungen reagieren. Die Dividende der Sensibil AG liegt während der Boomphasen in allen ohne Rest durch vier teilbaren Jahren 10% über und während der Depression in allen restlichen geradzahligen Jahren 10% unter dem in a) angenommenen Wert. Die Dividende der Firm AG erhöht sich in Jahren des Booms um 0.2 Euro gegenüber dem in a) angenommenen Wert, ansonsten bleibe sie unverändert. Berechnen Sie wiederum die fairen Werte und helfen Sie Daniel bei der Entscheidung.

3.3.2 Aufgaben zu Abschnitt 3.2

Aufgaben

Aufgabe 3.2.1

Investor I bieten sich zwei Anlagemöglichkeiten für sein Kapital, Variante A bietet bei zweijähriger Laufzeit eine Verzinsung von 11.5% p.a., Variante B weist eine sehr lange Laufzeit auf und verzinst das Kapital zunächst jeweils ein Jahr mit 9%, 15%, 17.6% und 13% p.a., in der Folge für drei Jahre mit 14.2% p.a. und abschließend für je zwei Jahre zu 10% und 16% p.a.. Die Zinsen werden jeweils reinvestiert.

a) Bestimmen Sie die arithmetisch annualisierte Rendite r_A sowie die geometrisch annualisierte Rendite r_G, falls I zunächst in Variante A investiert und die Rückflüsse anschließend in Variante B anlegt. Was gilt allgemein für die Beziehung zwischen r_A und r_G?

b) Inwieweit ändert sich Ihre Berechnung aus a), wenn I sein Kapital zunächst in Variante B und dann erst in Variante A investiert?

Aufgabe 3.2.2

Ein Standardbond mit einem Nennwert N von 100 Euro und den Rückzahlungen $\{Z, Z, Z, Z, Z + N\}$, wobei $Z = N \cdot i$ hat in $t = 0$ einen fairen Wert von 109.74 Euro. Das Marktzinsniveau liege bei 5% p.a.. Wie hoch ist der Nominalzinssatz i des Bonds?

Aufgabe 3.2.3

Sie können einen Zinstitel mit einer Restlaufzeit von 8.7 Jahren für 759.14 Euro erwerben. Die nächste Zinszahlung in Höhe von 25 Euro erfolgt in 0.7 Jahren, danach jährlich in gleich bleibender Höhe bis zum Laufzeitende. Das Marktzinsniveau liege bei 7% p.a..

Wie hoch muss der am Ende der Laufzeit zurückgezahlte Nennwert mindestens sein, damit der Kauf des Zinstitels für Sie vorteilhaft ist?

Aufgabe 3.2.4

Bestimmen Sie den internen Zinsfuß der folgenden Investitionen und beurteilen Sie, ob die jeweilige Investition bei einem Marktzinssatz von 5% p.a. durchgeführt werden sollte.

a) Broker B erwirbt in $t = 0$ ein Aktienpaket für 990 000 € und veräußert es nach einem Jahr für 1 000 000 €. Zwar fällt in $t = 0$ eine Verwaltungsgebühr von 10 000 € an, von der Bonuszahlung in Höhe von 45 000 € in $t = 1$ lässt sich B jedoch überzeugen. Eine Dividende wird hingegen nicht ausgeschüttet.

b) Kleinanleger K erwirbt in $t = 0$ eine Aktie für 100 €, die er ein Jahr später mit einem Gewinn von 4 € verkauft. Zusätzlich erhält er in $t = 1$ eine Dividende in Höhe von 1% des aktuellen Wertes.

c) Wirtschaftsstudent W erwirbt am 1.1.2007 einen Zerobond zu 120 €, der am 1.1.2012 zu 160 € getilgt wird.

d) Der Schokoladenhersteller S tätigt in t = 0 eine Investition in Höhe von 100 000 € in ein neues Werk im Mannheimer Süden, das ihm zusätzliche Erlöse von 55 000 € in t = 1 und 54 000 € in t = 2 verspricht.

Aufgabe 3.2.5

Die Stuse-AG mit Sitz in Kassel möchte expandieren und benötigt zur Finanzierung ihrer Pläne einen Kredit in Höhe von 100 000 Euro. Die A-Bank verlangt einen Nominalzinssatz von 9% p.a., wobei sie eine monatliche Zinskapitalisierung und unterjährig lineare Zinsverrechnung anwendet, um die jeweils am Jahresende zu zahlenden Zinsen zu bestimmen.

a) Berechnen Sie zunächst den sich ergebenden effektiven Jahreszinssatz r_A bei einer Kreditlaufzeit von einem, zwei und drei Jahren.

Die Stuse-AG entscheidet sich für eine zweijährige Kreditlaufzeit, erhält aber noch ein Konkurrenzangebot der B-Bank, bei dem für einen Kredit in Höhe von 100 000 Euro der Zinssatz im ersten Jahr 10.0% und im zweiten Jahr 8.8% (jeweils p.a.) betragen würde.

b) Wie hoch ist der resultierende effektive Jahreszins r_B bei der B-Bank, wenn die Zinsen jeweils am Jahresende gezahlt werden müssen? Welche der beiden Alternativen sollte die Stuse-AG wählen, wenn sie ihrer Entscheidung den effektiven Jahreszinssatz zugrunde legt?

c) Wie hoch wäre der effektive Jahreszinssatz der B-Bank, wenn die Zinsen nicht jeweils am Jahresende gezahlt würden, sondern erst zusammen mit der Rückzahlung nach zwei Jahren erfolgten (jährliche Zinskapitalisierung)?

Die D-Bank offeriert einen Kredit, der dem Angebot der B-Bank aus b) entspricht, jedoch liegt der Zinssatz zuerst bei 8.8% und dann bei 10.0% (jeweils p.a.).

d) Ist dies hinsichtlich des effektiven Jahreszinssatzes ein günstigeres Angebot für die Stuse-AG?

* Aufgabe 3.2.6

Hannes möchte einen einjährigen Kredit bei seiner Bank in Höhe von 100 Euro aufnehmen. Sein Bankberater Bruno bietet ihm einen effektiven Jahreszinssatz von 20% an. Weil Hannes damit verständlicherweise nicht zufrieden ist, bietet ihm sein Berater an, anstatt 100 Euro Tilgung nach einem Jahr nur 90 Euro zurückzahlen zu müssen und den Kredit damit dennoch vollständig getilgt zu haben.

a) Wie hoch ist nun der resultierende effektive Jahreszinssatz?

Nach erfolgreicher Tilgung des ersten Kredites bittet Hannes seinen Berater Bruno um einen weiteren Kredit in gleicher Höhe. Dieses Mal soll die Laufzeit allerdings zwei Jahre betragen. Der ausgebuffte Banker verlangt wiederum 20% effektiven Jahreszinssatz. Natürlich ist Hannes damit überhaupt nicht einverstanden. Er verlangt stattdessen ein ebenso gutes Angebot wie ein Jahr zuvor und fordert daher die Reduktion des Rückzahlungsbetrags um 20 Euro. Gehen Sie in der gesamten Aufgabe von einer jährlichen Kapitalisierung des Zinses aus (Zinseszins fällt an).

b) Wie hoch ist der resultierende effektive Jahreszinssatz in Hannes Forderung? Bruno möchte Hannes durchaus ein verbessertes Angebot machen. Allerdings darf der effektive Jahreszinssatz des Bankers unter keinen Umständen geringer sein, als bei dem einjährigen Kredit. Sollte sich der Banker auf Hannes Forderung einlassen?

c) Da Bruno der Forderung erstaunlich schnell nachkommt, wird Hannes misstrauisch und fragt seinen mathematisch begabten Nachbarn um Rat. Dieser gibt zu bedenken, dass Hannes die Tücken des Zinseszinses (jährliche Zinskapitalisierung) beachten müsse. Er rät ihm daher, einen 21%igen Abschlag auf den anfänglichen Kreditbetrag (21 Euro) zu fordern, denn schließlich sei ja immer noch $1.1^2 - 1 = 21\%$. Resultiert dadurch der effektive Jahreszinssatz aus Aufgabenteil a)?

d) Nachdem der Banker auch dieses Angebot verdächtig schnell angenommen hat, ersucht Hannes einen Finanzmathematikexperten nach Rat, um herauszufinden, wie hoch der von ihm geforderte Abschlag (in Prozent) sein sollte, damit der effektive Jahreszinssatz 10% beträgt. Was wird ihm dieser sagen?

Aufgabe 3.2.7
Der Bauer B erwägt am 01.01.2005 die Anschaffung von 50 Kühen der Rasse »Turbo-Melk« zum Preis von 500 Euro pro Tier. Ihm würden zu Beginn zusätzliche Kosten in Höhe von 5 000 Euro zur Umgestaltung seiner Stallungen und jährlich 7 500 Euro für Futtermittel erwachsen, seine Einnahmen wären jedes Jahr 25 000 Euro höher als ohne die Neuanschaffung. Die laufenden Kosten bestreitet B aus den laufenden Einnahmen, Einnahmeüberschüsse bringt er gesammelt am Jahresende zur Bank. Nach zwei Jahren hat es sich ausgemolken und die Kühe verenden.

a) Berechnen Sie den Effektivzinssatz des Investitionsprojekts.

b) Bestimmen Sie den modifizierten internen Zinsfuß bei einem Wiederanlagezinssatz von 5% p.a..

c) Erläutern Sie den Unterschied zwischen den a) und b) zugrunde liegenden Annahmen und stellen Sie Vor- und Nachteil des modifizierten internen Zinsfußes dar.

Aufgabe 3.2.8

Als Sie gerade in tiefe Trauerstimmung versunken sind über das aktuell niedrige Zinsniveau von 3%, an dem sich in absehbarer Zeit auch nichts ändern wird, erscheint plötzlich Kriemhild, ihre langjährige und sehr freundschaftlich verbundene Bankberaterin. Sie eröffnet Ihnen die Möglichkeit zur Investition in eine Anlage mit 5jähriger Laufzeit, bei der Sie von einem steigenden Zinssatz profitieren. Im ersten Jahr erhalten Sie 3%, danach 3.5%, 3.75%, 4% und im letzten Jahr 4.5%. Die anfallenden Zinsen erhöhen dabei Ihr investiertes Kapital.

a) Bestimmen Sie die Effektivverzinsung von Kriemhilds Angebot.

Hochglücklich berichten Sie Ihrem Freund Gunther von dieser Offerte, der Ihnen entgegnet, dass er von seiner Brunhild eine viel bessere 5jährige Anlageoption erhalten habe, die ihm 4.5% einbringe. Völlig konsterniert überprüfen Sie Gunthers Anlage und stellen fest, dass er nur im ersten Jahr 4.5% erhält, danach 4%, 3.75%, 3.5% und schließlich 3%. Auch bei seinem Angebot erhöhen die Zinsen das investierte Kapital.

b) Hat Kriemhild oder Brunhild mehr zu bieten?

Sie möchten Brunhild davon in Kenntnis setzen, dass solch hinterlistige Lockangebote doch gar nicht zu ihrem ansonsten recht kämpferischen Wesen passen. Sie gibt Ihnen Recht und umgarnt Sie mit einem Alternativangebot: Sie bietet die gleiche Zinsstaffel wie Kriemhild, jedoch mit 4.75% statt 4.5% im letzten Jahr. Zahlentrunken kehren Sie von der angenehmen Begegnung mit Brunhild heim und beschließen, ihr Angebot mit Kriemhild zu besprechen.

c) Welche Effektivverzinsung weist Brunhilds Nachbesserung auf?

Kriemhild missfällt Ihr Besuch bei Brunhild sehr, zudem vermutet Sie, dass mehr dahinter steckt, als Sie berichten. Bei einer genauen Analyse von Brunhilds Alternative stellt sie fest, dass die anfallenden Zinsen nicht die Anlagesumme erhöhen, sondern ausbezahlt werden und dann zum Zinsniveau von 3% angelegt werden müssen. Kriemhild flüstert Ihnen noch ins Ohr, was Sie tun müssen, um Brunhilds Offerte tatsächlich vergleichen zu können und zieht sich danach zurück.

d) Vergleichen Sie.

Verblüfft vom Ergebnis sinnieren Sie noch lange, ob Ihnen die Bekanntschaft von Gunther und Brunhild vielleicht eines Tages zum Nachteil gereichen könnte.

Aufgabe 3.2.9

Sie beabsichtigen, Ihr Vermögen in ein »Anwachssparen« zu investieren. Der Jahreszinssatz, den Sie hierbei erhalten, steigt jährlich. Er beträgt zunächst 3%, im zweiten Jahr 3.50%, im dritten 4% und im vierten und letzten Jahr schließlich ganze 5%.

a) Die Zinsen werden jeweils am Jahresende kapitalisiert (reinvestiert). Wie hoch ist die annualisierte geometrische Rendite?

b) Die Bank ändert die Konditionen. Obige Zinssätze gelten zwar weiterhin, doch werden die Zinsen nun nicht mehr reinvestiert, sondern ausgeschüttet. Die Rückflüsse können Sie nur zu 3% p.a. anlegen. Wie hoch ist der modifizierte interne Zinsfuß?

Aufgabe 3.2.10

Drei Jahre bevor Sie sich – mangels interessiertem Nachwuchs – von Ihrem landwirtschaftlichen Betrieb trennen wollen, erhalten Sie Besuch von einem Verkäufer für Kartoffelerntemaschinen. Dieser offeriert Ihnen ein neuartiges Modell für 30 000 Euro, mit dem Sie Ihren Ertrag steigern könnten. Bei der Ernte in einem Jahr und in zwei Jahren würden Sie jeweils 4 000 Euro mehr erlösen, in drei Jahren nur noch 3 000 Euro mehr als ohne die Maschine. In drei Jahren würden Sie zudem den gebrauchten Kartoffelernter für 25 000 Euro verkaufen.

a) Wie hoch ist der modifizierte interne Zinsfuß dieser Investition, wenn Sie zwischenzeitliche Rückflüsse für 5% p.a. anlegen können?

Noch während Sie über die Anschaffung nachdenken, bietet Ihnen Ihr Bankberater an, 30 000 Euro für drei Jahre zu einem Zinssatz von 8% p.a. bei jährlicher Zinskapitalisierung anzulegen.

b) Welchen Zinssatz müssten Sie bei der Wiederanlage der Rückflüsse aus der Investition in die Erntemaschine erzielen, damit die Alternativen »Investition in neuen Kartoffelernter« und »Bankanlage« gleichwertig sind?

Aufgabe 3.2.11

Ihnen sind die folgenden Daten zur Wertentwicklung eines Investmentfonds gegeben:

Vermögen in $t = 0$	EUR	100 000
Wertzuwachs bis $t = 1$	EUR	20 000
Vermögen nach Zuwachs in $t = 1$	EUR	120 000
Externer Zufluss in $t = 1$	EUR	200 000
Vermögen nach Zufluss in $t = 1$	EUR	320 000
Wertzuwachs bis $t = 2$	EUR	128 000
Vermögen nach Zuwachs in $t = 2$	EUR	448 000

a) Wie hoch ist die annualisierte zeitgewichtete Rendite?

b) Wie hoch ist die annualisierte kapitalgewichtete Rendite?

Aufgabe 3.2.12

Betrachten Sie die Fonds A und B, die von den Fondsmanagern Adelbert und Bertram verwaltet werden.

a) Adelbert erzielt in der dritten Periode eine Wertsteigerung von 25% und in der vierten Periode stolze 87.5%. Die Rendite im zweiten Jahr beträgt ein Viertel der Rendite des ersten Jahres. Über die insgesamt vier Perioden erzielt Adelbert eine annualisierte zeitgewichtete Rendite von 50%. Berechnen Sie zunächst die Renditen, die Adelbert in den ersten beiden Jahren erzielt.

b) Bertram erzielt in den Jahren eins bis drei eine Rendite von jeweils 25% und liegt daher deutlich hinter Adelbert zurück. Um nicht gefeuert zu werden, muss er also in der vierten und letzten Periode die allerbesten Wahrsager konsultieren, um zumindest die gleiche Gesamtrendite wie Adelbert zu erreichen. Bestimmen Sie, um wie viel hierfür im vierten Jahr die von Bertram erzielte Rendite die von Adelbert erzielte übersteigen muss.

c) Bertram erziele in der vierten Periode die in Teil b) errechnete Mindestrendite. Welchem der beiden sollte Anlegerin Charlotte, die vor dem dritten Jahr 400 000 Euro und vor dem vierten 4 780 000 Euro anlegt und ihre Mittel nach dem vierten Jahr wieder zurückbekommen will, ihr Geld anvertrauen?

d) Anlegerin Dorothea stehen ebenfalls 400 000 Euro bzw. 4 780 000 Euro zur Verfügung, allerdings bereits vor dem ersten bzw. zweiten Jahr. Wie sollte sie sich entscheiden, wenn sie ihr Geld nach dem zweiten Jahr wieder benötigt?

Aufgabe 3.2.13

Anleger Arnold hat die Möglichkeit, entweder in Fonds A oder in Fonds B zu investieren. Er möchte zunächst 100 000 Euro und in einem Jahr weitere 200 000 Euro anlegen und seine Mittel nach zwei Jahren zurückziehen.

Fondsmanager Ferdinand, der sich um Fonds A bemüht, hat ein schlechtes erstes Jahr mit einer Rendite von lediglich 20%, steigert sich im zweiten Jahr jedoch auf überzeugende 40%. Fondsmanager Fridolin, der für das Management von Fonds B zuständig ist, erreicht eine Rendite von 30% in beiden Jahren.

a) Berechnen Sie die zeitgewichtete Rendite der beiden Alternativen.

b) Berechnen Sie die kapitalgewichtete Rendite der beiden Alternativen.

c) Wofür werden zeitgewichtete und kapitalgewichtete Rendite verwendet? Welches Maß ist für Arnold von Interesse? Für welche der beiden Anlagemöglichkeiten sollte er sich entscheiden?

Anhang 3A: Geometrische Reihe

Wir gehen der folgenden Problemstellung nach: Welchen Wert hat die **geometrische Reihe**
geometrische Reihe $(-1 < x < 1)$

$$\sum_{t=0}^{\infty} x^t = 1 + x + x^2 + \ldots + x^{t-1} + \ldots ?$$

Da sich die geometrische Reihe als Grenzwert der geometrischen Summe gemäß Anhang 2A ergibt, ist der Grenzwert von

$$\frac{1 - x^t}{1 - x} \text{ für } t \to \infty$$

zu bestimmen.
Offenbar gilt damit für $-1 < x < 1$:

(3A.1)
$$\sum_{t=0}^{\infty} x^t = \frac{1}{1 - x}.$$

Anhang 3B: Nullstellen von Polynomen

Eine Funktion $f(x) = a_0 + a_1 \cdot x + a_2 \cdot x^2 + \ldots + a_{n-1} \cdot x^{n-1} + a_n \cdot x^n$ wird **Polynom**
als *Polynom vom Grad n* bezeichnet. Mit der Variablentransformation $x = 1 + r$ führt die Endwertvariante (3.14b) der Internen Zinsfuß-Gleichung auf das Problem der Bestimmung einer Nullstelle eines Polynoms vom Grade T. Bei der Barwertvariante (3.14a) ist die Variablentransformation $x = 1/(1 + r)$ vorzunehmen.

Polynome besitzen im Allgemeinen mehrfache Nullstellen (»Wurzeln«). **Wurzeln**
Die Betrachtung von Standardinvestments garantiert aber (als Spezialfall der Descartschen Zeichenregel) die Existenz genau einer positiven Lösung in x.

Ein weiteres Problem besteht darin, dass geschlossene Formeln für die Wurzeln von Polynomen nur für quadratische (n = 2), kubische (n = 3; Cardano) und Gleichungen vierten Grades (Ferrari) existieren. Für n > 4 kann nachgewiesen werden (Abel), dass eine solche geschlossene Formel nicht existieren kann. Im Allgemeinen müssen somit numerische Verfahren zur approximativen Bestimmung von internen Zinsfüßen eingesetzt werden. Ein Standardverfahren ist hierbei das in Anhang 3C dargestellte Newton-Verfahren.

Anhang 3C: Newton-Verfahren

Newton-Verfahren

Das Newton-Verfahren ist ein allgemeiner Ansatz zur Bestimmung der numerischen Lösung der Gleichung f(x) = 0 für beliebige Funktionen f. Die Idee besteht hierbei darin, ausgehend von einem Wert x_n die Nullstelle von f anzunähern, indem man den Schnittpunkt x_{n+1} der Tangente an $f(x_n)$ bestimmt. Die Abbildung 3C.1 illustriert diese Idee.

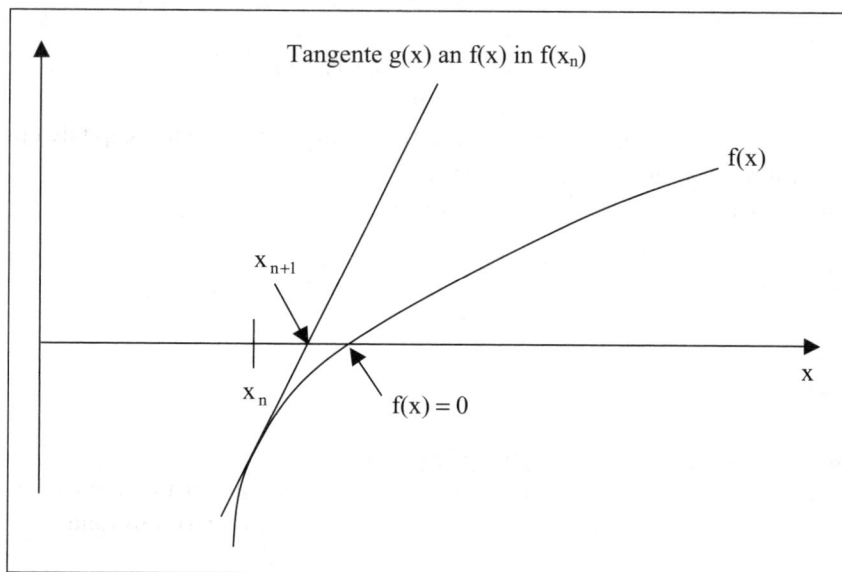

Abb. 3C.1: Graphische Idee des Newton-Verfahrens

Tangentengleichung

Ausgehend von einem beliebigen Startwert x_0 lautet die Tangentengleichung

(3C.1) $$g(x) = f(x_0) + f'(x_0) \cdot (x - x_0).$$

Deren Nullstelle x_1, d.h. die Lösung von $g(x_1) = 0$, ist dann gegeben durch

(3C.2) $$x_1 = x_0 - \frac{f(x_0)}{f'(x_0)}.$$

Iterationsverfahren

Das Iterationsverfahren zur approximativen Nullstellenbestimmung basiert dann auf der Betrachtung der Folge (n = 0, 1, 2, ...)

(3C.3) $$x_{n+1} = x_n - \frac{f(x_n)}{f'(x_n)}.$$

Anhang 3D: Positiver interner Zinsfuß

Der Kapitalwert eines Normalinvestments $\{-az_0, z_1, ..., z_T\}$ ist zunächst gegeben durch

$$(3D.1) \qquad K_0(r) = -az_0 + \sum_{t=1}^{T} z_t \cdot (1+r)^{-t} .$$

Differentiation nach r ergibt

$$(3D.2) \qquad dK_0(r)/dr = -\sum_{t=1}^{T} t \cdot z_t \cdot (1+r)^{-(t+1)} .$$

Da t und z_t positiv, gilt $dK_0(r)/dr < 0$, so lange $r > -1$. Die Kapitalwertfunktion ist somit streng monoton fallend.

Da bei Erfüllung des Deckungskriteriums

$$K_0(0) = \sum_{t=1}^{T} z_t - az_0 > 0$$

und ferner

$$\lim_{r \to \infty} K_0(r) = -az_0$$

gilt, muss eine einzige positive Nullstelle der Kapitalwertfunktion existieren. Wird das Deckungskriterium aufgegeben, so existiert aufgrund von

$$\lim_{r \to -1} K_0(r) = \infty$$

eine einzige Nullstelle zumindest im Bereich $r_I > -1$.

Eine weitere Differentiation von (3D.2) nach r ergibt

$$(3D.3) \qquad d^2K_0(r)/dr^2 = \sum_{t=1}^{T} t \cdot (t+1) \cdot z_t \cdot (1+r)^{-(t+2)} .$$

Da dieser Ausdruck im Bereich $r > -1$ positiv ist, ist die Kapitalwertfunktion zudem konvex.

Kapitalwertfunktion

Deckungskriterium

Konvexität

4 Lösungsskizzen zu den Aufgaben

4.1 Lösungsskizzen zu Kapitel 1

4.1.1 Lösungsskizzen zu Abschnitt 1.2

Aufgabe 1.2.1

Basis-Zahlungsstrommodell, Periodenlänge 1 Jahr

$Z_{\text{Festzinstitel}} = \{-70\,000,\ 7\,000,\ 7\,000,\ 7\,000,\ 7\,000,\ 77\,000\}$

$Z_{\text{Aktie}} = \{0,\ -60\,000,\ 6\,000,\ 7\,000,\ 63\,000\}$

$Z_{\text{Nullkuponanleihe}} = \{0,\ 0,\ -120\,000,\ 0,\ 0,\ 0,\ 160\,000\}$

$Z_{\text{Gesamt}} = \{-70\,000,\ -53\,000,\ -107\,000,\ 14\,000,\ 70\,000,\ 77\,000,\ 160\,000\}$

Aufgabe 1.2.2

a) Basis-Zahlungsstrommodell, Periodenlänge 1 Jahr

$Z_{\text{Anleger A}} = \{-25\,000,\ 0,\ 0,\ 0,\ 35\,000\}$

$Z_{\text{Investor I}} = \{25\,000,\ -2\,500,\ -2\,500,\ -2\,500,\ -27\,500\}$

$Z_{\text{Bank B}} = \{0,\ 2\,500,\ 2\,500,\ 2\,500,\ -7\,500\}$

b) Verallgemeinertes Zahlungsstrommodell,

$t_0 = 0$, $t_1 = 1$, $t_2 = 2$, $t_3 = 2.5$, $t_4 = 2.75$, $t_5 = 3$, $t_6 = 4$

Zahlungsstrom aus Sicht des Anlegers A: $z(t_0) = -25\,000$, $z(t_3) = 26\,000$, $z(t_4) = -25\,000$, $z(t_6) = 35\,000$

Zahlungsstrom aus Sicht des Anlegers C: $z(t_3) = -26\,000$, $z(t_4) = 25\,000$, $z(t_6) = 35\,000$

Zahlungsstrom aus Sicht des Investors I: $z(t_0) = 25\,000$, $z(t_1) = -2\,500$, $z(t_2) = -2\,500$, $z(t_5) = -2\,500$, $z(t_6) = 27\,500$

Zahlungsstrom aus Sicht der Bank B: $z(t_1) = 2\,500$, $z(t_2) = 2\,500$, $z(t_5) = 2\,500$, $z(t_6) = -7\,500$

Aufgabe 1.2.3

Verallgemeinertes Zahlungsstrommodell, $t_0 = 0$ (01.07.03), $t_1 = \dfrac{75}{360} = \dfrac{5}{24}$, $t_2 = 1\dfrac{5}{24}$, $t_3 = 2\dfrac{5}{24}$, $t_4 = 2\dfrac{3}{4}$

Zahlungsstrom: $z(t_0) = -80\,000$, $z(t_1) = 10\,000$, $z(t_2) = 9\,000$, $z(t_3) = 8\,100$, $z(t_4) = 68\,000$

Aufgabe 1.2.4

Verallgemeinertes Zahlungsstrommodell, $t_0 = 0$ (01.01.08), $t_1 = 0.75$, $t_2 = 1$, $t_3 = 1.75$, $t_4 = 2$, $t_5 = 2.75$, $t_6 = 3$, $t_7 = 3.75$, $t_8 = 4$

Zahlungsstrom aus Sicht von Heinz H: $z(t_0) = 5\,600$, $z(t_1) = -5\,600$, $z(t_2) = -8\,400$, $z(t_3) = 1\,400$, $z(t_5) = 1\,400$, $z(t_6) = -5\,600$, $z(t_7) = 7\,000$, $z(t_8) = 8\,400$

Zahlungsstrom aus Sicht von Freund F: $z(t_1) = 5\,600$, $z(t_2) = 7\,000$, $z(t_3) = -1\,400$, $z(t_4) = -1\,400$, $z(t_5) = -1\,400$, $z(t_6) = -1\,400$, $z(t_7) = -7\,000$, $z(t_8) = -8\,400$

Zahlungsstrom aus Sicht von Geldhai G: $z(t_0) = -5\,600$, $z(t_2) = 1\,400$, $z(t_4) = 1\,400$, $z(t_6) = 7\,000$

4.1.2 Lösungsskizzen zu Abschnitt 1.4

Aufgabe 1.4.1

Basis-Zahlungsstrommodell, Periodenlänge 1 Jahr

$Z_{\text{Emittent E}} = \{10\,000,\ 10\,000,\ 0,\ -13\,000,\ -3\,000,\ 0,\ 0,\ -13\,000\}$

$Z_{\text{Herr D}} = \{-10\,000,\ -60\,000,\ 5\,000,\ 18\,000,\ 8\,000,\ 25\,000,\ -3\,515.22,\ 39\,484.78\}$

(Höhe der jährlichen Zinszahlung an W: $20\,000 \cdot (1.03^{12} - 1) = 8\,515.22$)

Aufgabe 1.4.2

$$K_1^A = K_0 \cdot \left(1 + \frac{u}{m}\right)^m = 1\,000 \cdot \left(1 + \frac{0.03}{12}\right)^{12} = 1\,030.42$$

$$K_1^B = K_0 \cdot e^u = 1\,000 \cdot e^{0.03} = 1\,030.45$$

Aufgabe 1.4.3

Zinstage 2001 (07.03.2001 bis 31.12.2001 plus Anlagetag):
$(30 - 7) + (12 - 3) \cdot 30 + (1 - 1) \cdot 360 + 1 = 294$

Zinstage 2009 (01.01.2009 bis 22.04.2009):
$(22 - 1) + (4 - 1) \cdot 30 + (9 - 9) \cdot 360 + 1 = 111$

$$K_T = 53 \cdot (1 + r \cdot \tau_1) \cdot (1 + r)^t \cdot (1 + r \cdot \tau_2)$$

$$= 53 \cdot \left(1 + 0.05 \cdot \frac{294}{360}\right) \cdot 1.05^7 \cdot \left(1 + 0.05 \cdot \frac{111}{360}\right) = 78.82$$

Das Geld reicht leider nicht für Friedas Herzenswunsch.

Aufgabe 1.4.4

Jahr	Kontostand Jahresbeginn	Veränderung	Kontostand Jahresende
1	30 000.00	-12 000.00	18 000.00
2	18 000.00	-7 200.00	10 800.00
3	10 800.00	-4 320.00	6 480.00
4	6 480.00	3 888.00	10 368.00
5	10 368.00	6 220.80	16588.80
6	16588.80	9953.28	26542.08

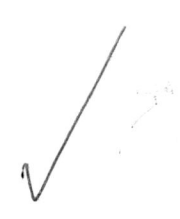

Der Wertverlust kommt zustande, da sich die 40%igen Kursverluste jeweils auf ein größeres Kapital beziehen als die 60%igen Kursgewinne. (Kurz: $0.6 \cdot 1.6 = 0.96 < 1$)

Um die ursprünglichen 30 000 Euro wieder zu erreichen, müsste gelten:

$$0.6 \cdot (1 + x) = 1$$

$$1 + x = 5/3$$

$$x = 2/3$$

Das Kapital müsste also in den letzten drei Jahren jeweils um 66.67% p.a. wachsen.

Aufgabe 1.4.5

Die benötigte Zeit zur Kapitalverdopplung berechnet sich durch:

$$K_0 \cdot q^t = 2 \cdot K_0$$

$$t \cdot \ln q = \ln 2$$

$$t = \frac{\ln 2}{\ln(1 + r)}$$

Zinssatz	3%	5%	8%	15%
Zeit nach 72-er Regel	24 Jahre	14.4 Jahre	9 Jahre	4.8 Jahre
Tatsächliche Zeit	23.45 Jahre	14.21 Jahre	9.01 Jahre	4.96 Jahre

Aufgabe 1.4.6

a) Barwert für $p = 10$:

$$K_0(r) = K_T \cdot (1+r)^{-T} = K_T \cdot \left(1 + \frac{p}{100}\right)^{-T}$$

$$= 100\,000 \cdot \left(1 + \frac{10}{100}\right)^{-9} = 100\,000 \cdot 1.1^{-9} = 42\,409.76$$

b) Wenn der Diskontfaktor $1/q = 10/11$ beträgt, so ist $q = 11/10 = 1.1$, damit $r = q - 1 = 0.1$
und $p = 100 \cdot r = 10$. Damit verändert sich der Barwert nicht.

c) Barwert bei steigendem Zinsfuß:

$$K_0(f_1,\ldots,f_T) = K_T \cdot \left[\prod_{t=1}^{T}(1+f_t)\right]^{-1} = K_T \cdot \left[\prod_{t=1}^{T}\left(1 + \frac{p_t}{100}\right)\right]^{-1}$$

$$= 100\,000 \cdot (1.06 \cdot 1.07 \cdot 1.08 \cdot 1.09 \cdot 1.10 \cdot 1.11 \cdot 1.12 \cdot 1.13 \cdot 1.14)^{-1}$$

$$= 42\,515.09$$

und

Aufgabe 1.4.7

a) Da Laufzeit und Kredithöhe identisch sind, sind diese für die Berechnung irrelevant. Lediglich die Effektivzinssätze sind zu untersuchen.

$$r_{eff}^A = 9.1\%$$

$$r_{eff}^C = \left(1 + \frac{0.088}{12}\right)^{12} - 1 = 9.164\%$$

$$r_{eff}^B = \left(1 + \frac{0.0885}{4}\right)^{4} - 1 = 9.148\%$$

$$r_{eff}^D = \left(1 + \frac{0.0878}{360}\right)^{360} - 1 = 9.176\%$$

$$r_{eff}^E = e^{0.0876} - 1 = 9.155\%$$

Variante D ist somit für die Bank und Bert die beste.

b) $e^r - 1 = \left(1 + \dfrac{0.1}{4}\right)^4 - 1$

$r = 4 \cdot \ln(1.025) = 9.877\%$ ✓

Aufgabe 1.4.8

a) Variante A:

$K_1^A = K_0 \cdot (1 + 0.025)$

$\qquad = 1.025 \cdot K_0$

$r_{eff}^A = \dfrac{K_1^A}{K_0} - 1 = 2.5\%$

Variante B:

$K_1^B = K_0 \cdot \left(1 + \dfrac{1}{4} 0.0225\right)^4 - 3 \cdot 4 \cdot \left(1 + \dfrac{1}{4} 0.0225\right)^3$

$\qquad - 3 \cdot 4 \cdot \left(1 + \dfrac{1}{4} 0.0225\right)^2 - 3 \cdot 4 \cdot \left(1 + \dfrac{1}{4} 0.0225\right) - 3 \cdot 4$

$\qquad = 1.02269 \cdot K_0 - 48.40652$

$r_{eff}^B = \dfrac{K_1^B}{K_0} - 1 = 2.269\% - \dfrac{48.40652}{K_0}$

Variante C:

$K_1^C = K_0 \cdot \left(1 + \dfrac{1}{4} 0.02\right)^4 - 3 \cdot 1.5 \cdot \left(1 + \dfrac{1}{4} 0.02\right)^3$

$\qquad - 3 \cdot 1.5 \cdot \left(1 + \dfrac{1}{4} 0.02\right)^2 - 3 \cdot 1.5 \cdot \left(1 + \dfrac{1}{4} 0.02\right) - 3 \cdot 1.5$

$\qquad = 1.02015 \cdot K_0 - 18.13545$

$r_{eff}^C = \dfrac{K_1^C}{K_0} - 1 = 2.015\% - \dfrac{18.13545}{K_0}$

Variante D:

$$K_1^D = K_0 \cdot \left(1 + \frac{1}{12} \cdot 0.015\right)^{12}$$

$$= 1.01510 \cdot K_0$$

$$r_{eff}^D = \frac{K_1^D}{K_0} - 1 = 1.510\%$$

b) B ist gegenüber C vorzuziehen, falls

$$K_1^B > K_1^C$$

$$1.02269 \cdot K_0 - 48.40652 > 1.02015 \cdot K_0 - 18.13545$$

$$K_0 > 11\,917.48$$

B ist gegenüber D vorzuziehen, falls

$$K_1^B > K_1^D$$

$$1.02269 \cdot K_0 - 48.40652 > 1.01510 \cdot K_0$$

$$K_0 > 6\,380.19$$

C ist gegenüber D vorzuziehen, falls

$$K_1^C > K_1^D$$

$$1.02015 \cdot K_0 - 18.13545 > 1.01510 \cdot K_0$$

$$K_0 > 3\,593.35$$

Insgesamt folgt somit eine Anlageentscheidung für
Konto B, falls $11917.48 < K_0$,
Konto C, falls $3593.35 < K_0 \le 11917.48$,
Konto D, falls $K_0 \le 3593.35$

c) Falls $K_1 \le 3000$, d.h. $K_0 \le \dfrac{3000}{1.025} = 2926.83$ muss kein Zins gezahlt
werden und es gilt weiter .

$$r_{eff}^A = \frac{K_1^A}{K_0} - 1 = 2.5\% .$$

Falls $K_1 > 3000$ berechnet sich die Effektivverzinsung durch:

$$r_{eff}^{A'} = \frac{K_1 - (K_1 - 3000) \cdot \frac{1}{4} \cdot 0.025 \cdot \frac{90}{360}}{K_0} - 1$$

$$= \frac{1.025 \cdot K_0 - (1.025 \cdot K_0 - 3000) \cdot \frac{1}{640}}{K_0} - 1$$

$$= 2.340\% + \frac{4.6875}{K_0}$$

Graphische Lösung

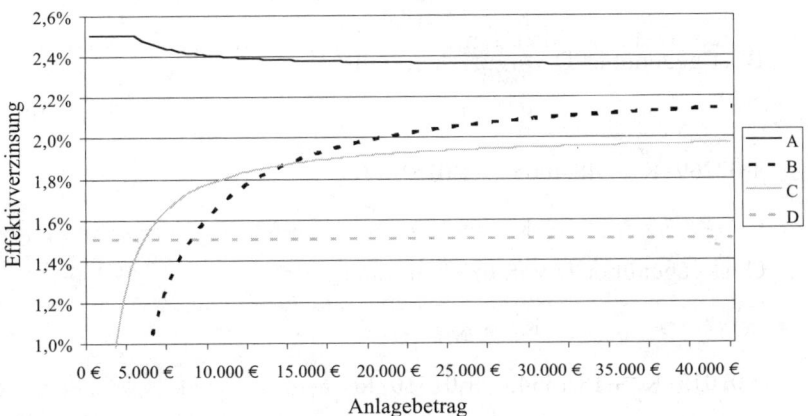

d) Die Effektivverzinsung bei unangekündigter Verfügung nach t Tagen über das komplette Guthaben beträgt:

$$r_{eff}^{A''} = \frac{\left(1 + 0.025 \cdot \frac{t}{360}\right) \cdot K_0 - \left(\left(1 + 0.025 \cdot \frac{t}{360}\right) \cdot K_0 - 3000\right) \cdot \frac{1}{4} \cdot 0.025 \cdot \frac{90}{360}}{K_0} - 1$$

$$= \frac{\left(1 + 0.025 \cdot \frac{t}{360}\right) \cdot \frac{639}{640} \cdot K_0 + \frac{3000}{640}}{K_0} - 1$$

$$= \frac{0.025}{360} \cdot t \cdot \frac{639}{640} - \frac{1}{640} + \frac{4.6875}{K_0}$$

$$r_{\text{eff}}^{E} = \left(1 + 0.02 \cdot \frac{t}{360}\right) - 1 = 0.02 \cdot \frac{t}{360}$$

$$r_{\text{eff}}^{A''} > r_{\text{eff}}^{E}$$

$$\frac{0.025}{360} \cdot t \cdot \frac{639}{640} - \frac{1}{640} + \frac{4.6875}{K_0} > 0.02 \cdot \frac{t}{360}$$

$$1.378 \cdot 10^{-5} \cdot t + \frac{4.6875}{K_0} - \frac{1}{640} > 0$$

Mit $K_0 = 20\,000$ folgt $t > 96$.

Aufgabe 1.4.9

a) In den ersten beiden Jahren beträgt der Zinssatz 3% p.a., im dritten Jahr sind es allerdings $1.001^{52} - 1 = 5.335\%$ p.a.. Somit resultiert für den dreijährigen Kredit ein durchschnittlicher Jahreszins von
$$r_A = \sqrt[3]{1.03^2 \cdot 1.001^{52}} - 1 = 3.772\% \text{ p.a.}.$$

b) Der Rückzahlungsbetrag in chinesischer Währung entspricht nun nicht mehr 500 000 Euro, sondern $1.2 \cdot 500\,000 = 600\,000$ Euro. Die Aufwertung des RMB entspricht isoliert betrachtet einer Zinsbelastung von
$$r_{\text{Aufwertung}} = \sqrt[3]{1.2} - 1 = 6.266\% \text{ p.a.}$$

   Allerdings darf man nun nicht den resultierenden durchschnittlichen Jahreszins des Kredits durch Addition der beiden Zinssätze berechnen, denn dabei bliebe die Zinskapitalisierung (Zinseszinsen) unberücksichtigt. (Falsch: $r_B = 3.772\% + 6.266\% = 10.038\%$ p.a.)
   Stattdessen berechnet sich der effektive Zinssatz wie folgt:
$$r_B = \sqrt[3]{1.03^2 \cdot 1.001^{52} + 0.2} - 1 = 9.627\% \text{ p.a.}$$

c) $r_C = \sqrt[3]{1.03^2 \cdot 1.001^{52} \cdot 1.2} - 1 = 10.275\%$ p.a.

d) $r_D = \sqrt[3]{1.04 \cdot 1.03 \cdot 1.05} - 1 = 3.997\%$ p.a.

   Ex ante ist Franz nicht klar, dass es Währungskursschwankungen geben wird. Somit wird er sich für den Kredit bei der China-Bank entscheiden. Bei Kenntnis der Schwankungen ist das Angebot der Deutschland-Bank für Franz günstiger.

e) $\sqrt[3]{1.04 \cdot 1.03 \cdot 1.05} = \sqrt[3]{1.05 \cdot (1+x)^{12}}$
$$x = \sqrt[12]{1.04 \cdot 1.03} - 1 = 0.575\% \text{ p.m.}$$

4.1.3 Lösungsskizzen zu Abschnitt 1.5

Aufgabe 1.5.1

a) Zahlungen, die zu verschiedenen Zeitpunkten anfallen, können nicht ohne weiteres verglichen werden, falls der Marktzinssatz nicht Null ist. Das Problem der Zeitverschiedenheit von Zahlungen lässt sich lösen, indem man die Werte in einem beliebigen, aber fixierten Zeitpunkt s vergleicht:

$$K_s = Z_t \cdot (1+r)^{s-t}.$$

Hierzu sind jedoch neben der Höhe der Zahlung und dem Zahlungszeitpunkt auch Angaben über die Höhe des Zinssatzes notwendig. Dieser ist in der Aufgabenstellung jedoch nicht erwähnt, eine generelle Aussage über die Vorteilhaftigkeit einer Alternative – wie sie von Anke und Heike getroffen wird – ist daher nicht möglich.

Aussagen zur Vorteilhaftigkeit einer Zahlung gegenüber einer anderen lassen sich ohne Kenntnis des Zinssatzes nur dann treffen, wenn eine der Zahlungen negativ und die andere positiv ist oder wenn die im Betrag niedrigere Einzahlung zu einem späteren Zeitpunkt bzw. die im Betrag höhere Auszahlung zu einem früheren Zeitpunkt anfällt.

b) Heikes Vorschlag (Zahlung am Monatsanfang) ist vorzuziehen, falls

$$\text{Gehalt} \cdot (1+r)^{1/12} > \text{Gehalt} \cdot 1.01$$

$$r > 1.01^{12} - 1 = 12.68\%$$

Falls $r < 12.68\%$ ist Ankes spontane Entscheidung (Zahlung am Monatsende) zu präferieren.

Für $r = 12.68\%$ sind die Alternativen gleichwertig.

Die Höhe von Ankes Gehalt ist für die Aufgabe irrelevant.

Aufgabe 1.5.2

a) Verallgemeinertes Zahlungsstrommodell,

$$t_0 = 0 \ (01.01.), \ t_1 = \frac{13}{365} \ (14.01.), \ t_2 = \frac{14}{365} \ (15.01.),$$

$$t_3 = \frac{30}{365} \ (31.01.), \ t_4 = \frac{58}{365} \ (28.02.), \ t_5 = \frac{61}{365} \ (03.03.),$$

$$t_6 = \frac{89}{365} \ (31.03.)$$

Hinweis: Der 31. Januar liegt 30 Tage nach dem 1. Januar, daher ist $t_3 = \dfrac{30}{365}$.

$z(t_0) = 18$ (nicht 41, das vorhandene Anfangskapital bleibt außer Acht),
$z(t_1) = 10$, $z(t_2) = -7$, $z(t_3) = 5$, $z(t_4) = 5$, $z(t_5) = 6$, $z(t_6) = 5$

b) Bei der Vermögensberechnung ist das Anfangskapital mitzuzählen.

$$K_T = 41 \cdot 1.08^{\frac{90}{365}} + 10 \cdot 1.08^{\frac{77}{365}} - 7 \cdot 1.08^{\frac{76}{365}} + 5 \cdot 1.08^{\frac{60}{365}}$$

$$+ 5 \cdot 1.08^{\frac{32}{365}} + 6 \cdot 1.08^{\frac{29}{365}} + 5 \cdot 1.08^{\frac{1}{365}}$$

$$= 65.97$$

c) Bei der Vermögensberechnung ist das Anfangskapital mitzuzählen.

$$K_T = 41 \cdot 1.08^{\frac{90}{360}} + 10 \cdot 1.08^{\frac{77}{360}} - 7 \cdot 1.08^{\frac{76}{360}} + 5 \cdot 1.08^{\frac{61}{360}}$$

$$+ 5 \cdot 1.08^{\frac{31}{360}} + 6 \cdot 1.08^{\frac{28}{360}} + 5 \cdot 1.08^{\frac{1}{360}}$$

$$= 65.98$$

Aufgabe 1.5.3

a) Basis-Zahlungsstrommodell, Simones Geburt ist ihr 0. Geburtstag:
   {0, 0, 0, 0, 0, 0, 0, 0, 0, 0, 0, 346.69, 514.27, 764.09, 1139.57, 1708.78, 2579.52, 3924.00, -8 979.99}
   Berechnung des verbleibenden Restbetrags nach Autokauf:
   $346.69 + 514.27 + 764.09 + 1\,139.57 + 1\,708.78 + 2\,579.52$
   $+ 3\,924.00 - 8\,979.99 = 1\,996.93$

An ihrem 18. Geburtstag verfügt Simone somit nach Bezahlung ihres Autos über einen Betrag von 1996.93 Euro. Das dürfte für eine feucht-fröhliche Party ausreichen.
Nebenrechnungen:

$$\binom{x}{x-1} \cdot \binom{x-1}{x-2} \cdot (1 + x\%)^x = \frac{x!}{(x-1)! \cdot 1!} \cdot \frac{(x-1)!}{(x-2)! \cdot 1!} \cdot (1 + x\%)^x$$

$$= \frac{x!}{(x-2)!} \cdot (1 + x\%)^x = x \cdot (x-1) \cdot (1 + x\%)^x$$

$$\binom{11}{10} \cdot \binom{10}{9} \cdot 1.11^{11} = 11 \cdot 10 \cdot 1.11^{11} = 346.69$$

$$\binom{12}{11} \cdot \binom{11}{10} \cdot 1.12^{12} = 12 \cdot 11 \cdot 1.12^{12} = 514.27$$

$$\binom{13}{12} \cdot \binom{12}{11} \cdot 1.13^{13} = 13 \cdot 12 \cdot 1.13^{13} = 764.09$$

$$\binom{14}{13} \cdot \binom{13}{12} \cdot 1.14^{14} = 14 \cdot 13 \cdot 1.14^{14} = 1139.57$$

$$\binom{15}{14} \cdot \binom{14}{13} \cdot 1.15^{15} = 15 \cdot 14 \cdot 1.15^{15} = 1708.78$$

$$\binom{16}{15} \cdot \binom{15}{14} \cdot 1.16^{16} = 16 \cdot 15 \cdot 1.16^{16} = 2579.52$$

$$\binom{17}{16} \cdot \binom{16}{15} \cdot 1.17^{17} = 17 \cdot 16 \cdot 1.17^{17} = 3924.00$$

$$\binom{18}{17} \cdot \binom{17}{16} \cdot 1.18^{18} - 15\,000 = 18 \cdot 17 \cdot 1.18^{18} - 15\,000 = 6\,020.01 - 15\,000 = -8\,979.99$$

b) $K_T = 11 \cdot 10 \cdot 1.11^{11} \cdot 1.1^7 + 12 \cdot 11 \cdot 1.12^{12} \cdot 1.1^6 + 13 \cdot 12 \cdot 1.13^{13} \cdot 1.1^5$

$\qquad + 14 \cdot 13 \cdot 1.14^{14} \cdot 1.1^4 + 15 \cdot 14 \cdot 1.15^{15} \cdot 1.1^3 + (16 \cdot 15 \cdot 1.16^{16} - 1\,000) \cdot 1.1^2$

$\qquad + (17 \cdot 16 \cdot 1.17^{17} - 1\,000) \cdot 1.1 + (18 \cdot 17 \cdot 1.18^{18} - 1\,000) - 15\,000$

$\qquad = 675.61 + 911.06 + 1\,230.57 + 1\,668.44 + 2\,274.39$

$\qquad + 1\,911.22 + 3\,216.40 + 5\,020.01 - 15\,000$

$\qquad = 1\,907.70$

$K_0 = 1\,907.70 \cdot 1.1^{-18} = 343.12$

c) Es bietet sich an, die Berechnung des Kapitalwerts aus Sicht von Heinz auf Basis der Kalkulationen in Aufgabenteil b) durchzuführen. Der dort berechnete Barwert ist um die diskontierten Ausgaben für die Geburtstagspartys und das Auto zu erhöhen.

$$K_{0,\,Heinz} = 343.12 + 1\,000 \cdot 1.1^{-16} + 1\,000 \cdot 1.1^{-17}$$
$$+ (1\,000 + 15\,000) \cdot 1.1^{-18} = 3636.33$$

4.1.4 Lösungsskizzen zu Abschnitt 1.6

Aufgabe 1.6.1

a) $K_0 = -90\,000 + 3\,000 \cdot 1.03^{-1} + 6\,000 \cdot 1.03^{-1} \cdot 1.06^{-1}$

$\qquad + 9\,000 \cdot 1.03^{-1} \cdot 1.06^{-1} \cdot 1.09^{-1}$

$\qquad + 90\,000 \cdot 1.03^{-1} \cdot 1.06^{-1} \cdot 1.09^{-1} \cdot 1.01^{-1}$

$\qquad = 848.30$

$\quad K_T = K_0 \cdot 1.03 \cdot 1.06 \cdot 1.09 \cdot 1.01 = 1\,019.63$

b) Die Investition ist vorteilhaft, da der Barwert bzw. der Endwert positiv ist.

c) $K_{0,\,neu} = K_0 - 90\,000 \cdot (1.04^{0.25} - 1) = 848.30 - 886.81 = -38.51$

$\quad K_{T,\,neu} = K_{0,\,neu} \cdot 1.03 \cdot 1.06 \cdot 1.09 \cdot 1.01 = -46.28$

Die Investition ist nun nicht mehr vorteilhaft.

Aufgabe 1.6.2

a) Verallgemeinertes Zahlungsstrommodell,
$t_0 = 0$ (01.01.08), $t_1 = 3.5$, $t_2 = 4.5$, $t_3 = 5$, $t_4 = 6$, $t_5 = 7$
Zahlungsstrom Supersicher:
$z(t_0) = -80\,000$, $z(t_1) = 0.03 \cdot (80\,000 + 3 \cdot 5\,000) = 2\,850$,
$z(t_2) = 0.03 \cdot (80\,000 + 4 \cdot 5\,000) = 3\,000$,
$z(t_3) = 80\,000 + 5 \cdot 5\,000 = 105\,000$, $z(t_4) = 0$, $z(t_5) = 0$
Zahlungsstrom Spardichreich: $z(t_0) = -90\,000$, $z(t_1) = 0$, $z(t_2) = 0$,
$z(t_3) = 0$, $z(t_4) = 90\,000 \cdot 1.07^6 = 135\,065.73$, $z(t_5) = 0$
Zahlungsstrom Patientia: $z(t_0) = -100\,000$, $z(t_1) = 0$, $z(t_2) = 0$,
$z(t_3) = 0$, $z(t_4) = 0$, $z(t_5) = 150\,000$

b) Freies Kapitel wird stets unverzüglich zu 6% p.a. angelegt. Somit fallen nur Zahlungen in t_1 und t_5 an.
Zahlungsstrom Supersicher: $z(t_0) = -100\,000$,

$\quad z(t_5) = 20\,000 \cdot 1.06^7 + 0.03 \cdot (80\,000 + 3 \cdot 5\,000) \cdot 1.06^{3.5}$

$\qquad + 0.03 \cdot (80\,000 + 4 \cdot 5\,000) \cdot 1.06^{2.5}$

$\qquad + (80\,000 + 5 \cdot 5\,000) \cdot 1.06^2$

$\qquad = 20\,000 \cdot 1.06^7 + 2\,850 \cdot 1.06^{3.5} + 3\,000 \cdot 1.06^{2.5} + 105\,000 \cdot 1.06^2$

$\qquad = 155\,015.80$

Zahlungsstrom Spardichreich: $z(t_0) = -100\,000$,

$z(t_5) = 10\,000 \cdot 1.06^7 + 90\,000 \cdot 1.07^6 \cdot 1.06$

$\qquad = 158\,205.98$

Zahlungsstrom Patientia: $z(t_0) = -100\,000$, $z(t_5) = 150\,000$

c) In der Variante »Kopfkissen« ist der Bar- bzw. Endwert bei einem Zinssatz von 0% zu berechnen.

$K_0^{Supersicher} = K_T^{Supersicher} = -80\,000 + 2\,850 + 3\,000 + 105\,000 = 30\,850$

$K_0^{Spardichreich} = K_T^{Spardichreich} = -90\,000 + 135\,065.73 = 45\,065.73$

$K_0^{Patientia} = K_T^{Patientia} = -100\,000 + 150\,000 = 50\,000$

In der Variante »Bank« wird ein Zinssatz von 6% verwendet.

$K_0^{Supersicher} = -100\,000 + 155\,015.80 \cdot 1.06^{-7} = 3\,094.36$

$K_T^{Supersicher} = -100\,000 \cdot 1.06^7 + 155\,015.80 = K_0^{Supersicher} \cdot 1.06^7 = 4\,652.77$

$K_0^{Spardichreich} = -100\,000 + 158\,205.98 \cdot 1.06^{-7} = 5\,216.01$

$K_T^{Spardichreich} = -100\,000 \cdot 1.06^7 + 158\,205.98 = K_0^{Spardichreich} \cdot 1.06^7 = 7\,842.95$

$K_0^{Patientia} = -100\,000 + 150\,000 \cdot 1.06^{-7} = -241.43$

$K_T^{Patientia} = -100\,000 \cdot 1.06^7 + 150\,000 = K_0^{Patientia} \cdot 1.06^7 = -363.03$

4.2 Lösungsskizzen zu Kapitel 2

4.2.1 Lösungsskizzen zu Abschnitt 2.1

Aufgabe 2.1.1

$BW^n = R \cdot \dfrac{q^T - 1}{q - 1} \cdot q^{-1} = 10\,000 \cdot \dfrac{1.05^{15} - 1}{1.05 - 1} \cdot 1.05^{-15} = 103\,796.58$

$EW^n = R \cdot \dfrac{q^T - 1}{q - 1} = 10\,000 \cdot \dfrac{1.05^{15} - 1}{1.05 - 1} = 215\,785.64 = BW^n \cdot q^T$

Aufgabe 2.1.2

$BW_{65.Geburtstag}^v = R \cdot \dfrac{q^T - 1}{q - 1} \cdot q^{-T+1} = 12\,000 \cdot \dfrac{1.04^{25} - 1}{1.04 - 1} \cdot 1.04^{-24} = 194\,963.56$

$BW_{20.Geburtstag}^v = BW_{65.Geburtstag}^v \cdot q^{-45} = 33\,377.45$

Aufgabe 2.1.3

a) $BW^v = R \cdot \dfrac{q^T - 1}{q - 1} \cdot q^{-T+1} = 3\,000 \cdot \dfrac{1.04^{15} - 1}{1.04 - 1} \cdot 1.04^{-14} = 34\,689.37$

b) $BW^n = R \cdot \dfrac{q^T - 1}{q - 1} \cdot q^{-T} = 3000 \cdot \dfrac{1.04^{15} - 1}{1.04 - 1} \cdot 1.04^{-15} = 33\,355.16 = BW^v \cdot q^{-1}$

c) $K^v_{-10} = BW^v \cdot q^{-10} = 23\,434.89$
    $K^n_{-10} = BW^n \cdot q^{-10} = 22\,533.55$

Aufgabe 2.1.4

a) $BW^n = R \cdot \dfrac{q^{T/m} - 1}{q^{1/m} - 1} \cdot q^{-T/m} = 870 \cdot \dfrac{1.06^{84/12} - 1}{1.06^{1/12} - 1} \cdot 1.06^{-84/12} = 59\,865.90$

b) $BW^v = R \cdot \dfrac{q^{T/m} - 1}{q^{1/m} - 1} \cdot q^{(-T+1)/m} = 870 \cdot \dfrac{1.06^{84/12} - 1}{1.06^{1/12} - 1} \cdot 1.06^{-83/12} = 60\,157.30$

$= BW^n \cdot 1.06^{1/12}$

c) $K^n_{-3.5} = BW^n \cdot q^{-3.5} = 48\,821.26$
    $K^v_{-3.5} = BW^v \cdot q^{-3.5} = 49\,058.90$

d) $0.9 \cdot BW^n_{\text{aus a)}} \cdot q^{t/12} \geq BW^n_{\text{aus a)}}$

$$\ln q^{t/12} \geq \ln\left(\dfrac{1}{0.9}\right)$$

$$t \geq -\dfrac{\ln 0.9}{\ln 1.06} \cdot 12 = 21.70$$

Die Zahlungen können erst 22 Monate später beginnen, die erste Zahlung kann also erst am 30.11.08 erfolgen.

Aufgabe 2.1.5

$$\lim_{t \to \infty} BW^n = \lim_{t \to \infty} R \cdot \dfrac{q^t - 1}{q - 1} \cdot q^{-t} = \lim_{t \to \infty} R \cdot \dfrac{1 - q^{-t}}{r} = \dfrac{R}{r}$$

$$\lim_{t \to \infty} BW^v = \lim_{t \to \infty} R \cdot \dfrac{q^t - 1}{q - 1} \cdot q^{-t+1} = \lim_{t \to \infty} R \cdot \dfrac{1 - q^{-t}}{r} \cdot q = \dfrac{R \cdot q}{r}$$

Aufgabe 2.1.6

a) In beiden Angeboten geht der Verkäufer vom selben Barwert des Heim-
kinosystems aus. Für diesen gilt: $BW^n = R \cdot \dfrac{q^T - 1}{q - 1} \cdot q^{-T} = R \cdot \dfrac{1 - q^{-T}}{r}$

In den Angeboten unterscheiden sich die jährliche Rate und die Laufzeit, es gilt

$R_1 = 4\,999.80$, $T_1 = 5$, $R_2 = 2\,975$, $T_2 = 10 = 2 \cdot T_1$

Der Kalkulationszinssatz des Verkäufers ergibt sich durch

$$R_1 \cdot \frac{1 - q^{-T_1}}{r} = R_2 \cdot \frac{1 - q^{-T_2}}{r}$$

$$\frac{R_1}{R_2} = \frac{1 - q^{-T_2}}{1 - q^{-T_1}} = \frac{1 - q^{-2 \cdot T_1}}{1 - q^{-T_1}}$$

$$\frac{R_1}{R_2} = \frac{1 - x^2}{1 - x} \qquad \text{wobei } x = q^{-T_1}$$

$$\frac{R_1}{R_2} = \frac{(1 - x) \cdot (1 + x)}{1 - x}$$

$$\frac{R_1}{R_2} = 1 + x$$

$$x = \frac{R_1}{R_2} - 1$$

$$q^{-T_1} = \frac{R_1}{R_2} - 1$$

$$r = \left(\frac{R_1}{R_2} - 1 \right)^{-\frac{1}{T_1}} - 1 = \left(\frac{4\,999.80}{2\,975} - 1 \right)^{-\frac{1}{5}} = 7.9993\%$$

Hinweis: Für diese Berechnung ist es unerheblich, ob die Zahlungen
nachschüssig oder vorschüssig anfallenden. Der Anfall wird erst in b)
relevant.

b) Berechnung des nachschüssigen Rentenbarwerts:

$$BW^n = R \cdot \frac{q^T - 1}{q - 1} \cdot q^{-T} = R \cdot \frac{1 - q^{-T}}{r} = 2\,975 \cdot \frac{1 - 1.079993^{-10}}{0.079993} = 19\,963.12$$

Die 20 000 Euro der Großmutter reichen aus.

Aufgabe 2.1.7

a) Rentenbarwert Onkel Jürgen (vorschüssige Rente, beginnend in zwei Monaten, der Rentenbarwert ist daher um 2 Monate abzuzinsen):

$$BW_{Jürgen}^{v} = q^{-2/12} \cdot R_{Jürgen} \cdot \frac{q^{T}-1}{q-1} \cdot q^{-T+1}$$

$$= 1.05^{-2/12} \cdot 7\,500 \cdot \frac{1.05^{9}-1}{1.05-1} \cdot 1.05^{-8}$$

$$= 55\,520.78$$

Tante Käthe (vorschüssige Rente, beginnend in 44 Monaten):

$$BW_{Käthe}^{v} = q^{-44/12} \cdot R_{Käthe} \cdot \frac{q^{T}-1}{q-1} \cdot q^{-T+1}$$

$$= 1.05^{-44/12} \cdot 5\,000 \cdot \frac{1.05^{3}-1}{1.05-1} \cdot 1.05^{-2}$$

$$= 11\,955.08$$

Onkel David (vorschüssige Rente, beginnend in 62 Monaten):

$$BW_{David}^{v} = q^{-62/12} \cdot R_{David} \cdot \frac{q^{T}-1}{q-1} \cdot q^{-T+1}$$

$$= 1.08^{-62/12} \cdot 3\,000 \cdot \frac{1.08^{4}-1}{1.08-1} \cdot 1.08^{-3}$$

$$= 7\,210.45$$

b) Rentenendwert Ludwig:

$$EW_{Ludwig} = R_{Jürgen} \cdot \frac{q^{T_{Jürgen}}-1}{q-1} \cdot q + R_{Käthe} \cdot \frac{q^{T_{Käthe}}-1}{q-1} \cdot q \cdot q^{2.5}$$

$$+ R_{David} \cdot \frac{q^{T_{David}}-1}{q-1} \cdot q$$

$$= 7\,500 \cdot \frac{1.09^{9}-1}{1.09-1} \cdot 1.09 + 5\,000 \cdot \frac{1.09^{3}-1}{1.09-1} \cdot 1.09 \cdot 1.09^{2.5}$$

$$+ 3\,000 \cdot \frac{1.09^{4}-1}{1.09-1} \cdot 1.09$$

$$= 106\,446.97 + 22\,160.78 + 14\,954.13$$

$$= 143\,561.88$$

4.2.2 Lösungsskizzen zu Abschnitt 2.2

Aufgabe 2.2.1

Kapitalwiedergewinnungsfaktor:

$$KWF(r, T) = \frac{1}{RBF(r, T)} = \frac{q^T \cdot (q-1)}{q^T - 1}$$

Restwertverteilungsfaktor:

$$RVF(r, T) = \frac{1}{REF(r, T)} = \frac{q-1}{q^T - 1}$$

Daraus folgt der Zusammenhang

$$RVF(r, T) = \frac{q-1}{q^T - 1} = \frac{q^T}{q^T} \cdot \frac{q-1}{q^T - 1} = \frac{1}{q^T} \cdot \frac{q^T \cdot (q-1)}{q^T - 1} = \frac{1}{q^T} \cdot KWF(r, T) \,.$$

Da gilt

$$A = S_0 \cdot KWF(r, T) \,.$$

und

$$A = S_0 \cdot q^T \cdot RVF(r, T) = S_T \cdot RVF(r, T)$$

bietet sich die Verwendung des Kapitalwiedergewinnungsfaktors an, wenn ein gegebener Geldbetrag S_0 auf spätere Perioden verteilt werden soll, während sich der Restwertverteilungsfaktor zur Verteilung eines Betrags S_T auf vorherige Perioden eignet.

Aufgabe 2.2.2

$$A = S_0 \cdot \frac{r}{1 - q^{-T}} = 20\,000 \cdot \frac{0.05}{1 - 1.05^{-3}} = 7\,344.17$$

Der Tilgungsplan lässt sich z.B. füllen durch

$$Z_t = RS_{t-1} \cdot r \,, \quad T_t = A_t - Z_t \,, \quad RS_t = RS_{t-1} - T_t \,.$$

t	S_0, RS_{t-1}	Z_t	T_t	A_t	RS_t
1	20 000.00	1 000.00	6 344.17	7 344.17	13 655.83
2	13 655.83	682.79	6 661.38	7 344.17	6 994.45
3	6 994.45	349.72	6 994.45	7 344.17	0.00

Aufgabe 2.2.3

a) $BW^v = R \cdot \dfrac{q^{T/12} - 1}{q^{1/12} - 1} \cdot q^{(-T+1)/12} = 40.52 \cdot \dfrac{1.119^{48/12} - 1}{1.119^{1/12} - 1} \cdot 1.119^{-47/12} = 1\,573.76$

$BW^n = R \cdot \dfrac{q^{T/12} - 1}{q^{1/12} - 1} \cdot q^{-T/12} = \dfrac{RBW^v}{q^{1/12}} = 1\,559.08$

Die Raten sind offensichtlich nachschüssig zu erbringen.

b) Die »Kreditsumme« ist offenbar die Summe der 48 Einzelzahlungen, folglich Kaufpreis inkl. Zinsen.

Aufgabe 2.2.4

a) Kapitalwert des Guthabens am 55. Geburtstag:

$\text{Sparsumme}_{55.\text{Geburtstag}} = EW^n_{55.\text{Geburtstag}} = R \cdot \dfrac{q^T - 1}{q - 1} = 1\,000 \cdot \dfrac{1.05^{35} - 1}{1.05 - 1} = 90\,320.31$

b) Wert der zwanzigjährigen vorschüssigen Rente am 65. Geburtstag:

$\text{Rentenwert}_{65.\text{Geburtstag}} = BW^v_{65.\text{Geburtstag}} = R \cdot \dfrac{q^T - 1}{q - 1} \cdot q^{-T+1}$

$$= 15\,000 \cdot \dfrac{1.05^{20} - 1}{1.05 - 1} \cdot 1.05^{-19}$$

$$= 196\,279.81$$

Bereits angespart (Wert am 65. Geburtstag):

$\text{Sparsumme}_{65.\text{Geburtstag}} = \text{Sparsumme}_{55.\text{Geburtstag}} \cdot 1.05^{10} = 147\,122.27$

Daher noch zu sparen (Wert am 65. Geburtstag):

$\text{Deckungslücke}_{65.\text{Geburtstag}} = \text{Rentenwert}_{65.\text{Geburtstag}} - \text{Sparsumme}_{65.\text{Geburtstag}}$

$$= 196\,279.81 - 147\,122.27$$

$$= 49\,157.55$$

Also sind pro Jahr (jeweils am Jahresende) zu sparen:

$A = \text{Deckungslücke}_{65.\text{Geburtstag}} \cdot RVF(r, T)$

$= \text{Deckungslücke}_{65.\text{Geburtstag}} \cdot \dfrac{q - 1}{q^T - 1}$

$= 49\,157.55 \cdot \dfrac{1.05 - 1}{1.05^{10} - 1}$

$= 3\,908.25$

c) Verbleibend am Todestag, 3.25 Jahre nach dem 65. Geburtstag:

$$\text{Erbschaft} = \text{Rentenwert}_{65.\text{Geburtstag}} \cdot q^{3.25} - \text{Entnahme}_{65.\text{Geburtstag}} \cdot q^{3.25}$$

$$- \text{Entnahme}_{66.\text{Geburtstag}} \cdot q^{2.25} - \text{Entnahme}_{67.\text{Geburtstag}} \cdot q^{1.25}$$

$$- \text{Entnahme}_{68.\text{Geburtstag}} \cdot q^{0.25} + \text{Entnahme}_{68.\text{Geburtstag}} \cdot 0.75$$

$$= 196\,279.81 \cdot 1.05^{3.25} - 15\,000 \cdot 1.05^{3.25} - 15\,000 \cdot 1.05^{2.25}$$

$$- 15\,000 \cdot 1.05^{1.25} - 15\,000 \cdot 1.05^{0.25} + 15\,000 \cdot 0.75$$

$$= 175\,232.04$$

Intuition hierzu: Anfänglich vorhandenes Vermögen bis zum Todestag aufzinsen und anschließend korrigieren um die jährlichen Entnahmen, auch aufgezinst bis zum Todestag. Der letzte Summand kommt hinzu, da Freiberufler F nach seinem letzten Geburtstag nur noch 0.25 Jahre lebt und somit 75% der Entnahme an seinem 68. Geburtstag nicht mehr ausgeben kann.

Hinweis: Das 66. Lebensjahr beginnt am 65. Geburtstag.

Aufgabe 2.2.5

a) $A = S_0 \cdot \dfrac{q^T \cdot (q-1)}{q^T - 1} = 250\,000 \cdot \dfrac{1.1^5 \cdot (1.1-1)}{1.1^5 - 1} = 65\,949.37$

$Z_1 = S_0 \cdot r = 250\,000 \cdot 0.1 = 25\,000$

$T_1 = A - Z_1 = 65\,959.37 - 25\,000 = 40\,949.37$

$RS_1 = S_0 - T_1 = 250\,000 - 40\,949.37 = 209\,050.63$

usw.

allgemein:

$$Z_t = S_0 \cdot \frac{(q^T - q^{t-1}) \cdot (q-1)}{q^T - 1} = RS_{t-1} \cdot r$$

$$T_t = S_0 \cdot \frac{q^{t-1} \cdot (q-1)}{q^T - 1} = A - Z_t$$

$$RS_t = S_0 \cdot \frac{q^T - q^t}{q^T - 1} = RS_{t-1} - T_t$$

t	S_0, RS_{t-1}	Z_t	T_t	A_t	RS_t
1	250 000.00	25 000.00	40 949.37	65 949.37	209 050.63
2	209 050.63	20 905.06	45 044.31	65 949.37	164 006.32
3	164 006.32	16 400.63	49 548.74	65 949.37	114 457.58
4	114 457.58	11 445.76	54 503.61	65 949.37	59 953.97
5	59 953.97	5 995.40	59 953.97	65 949.37	0.00
Σ		79 746.85	250 000.00	329 746.85	

b) Es ist zu bestimmen, ob der Kapitalwert der noch ausstehenden Annuitäten am 22.06.06 ober- oder unterhalb der angebotenen Einmalzahlung liegt. Zur Kapitalwertberechnung ist dabei der neue Zinssatz von 8% zu verwenden.

$$K_{22.06.06} = 65\,949.37 \cdot 1.08^{-\frac{9}{360}} + 65\,949.37 \cdot 1.08^{-1\frac{9}{360}} + 65\,949.37 \cdot 1.08^{-2\frac{9}{360}}$$

$$= 183\,201.73$$

Die Einmalzahlung beträgt nur 180 000 Euro und ist folglich vorzuziehen.

(Hinweis: Ein Vergleich des Einmalzahl-Angebotes der Bank in Höhe von 180 000 Euro mit dem Wert, der sich durch das Aufzinsen der Restschuld vom 01.07.05 um 351 Tage ergibt, ist aufgrund des veränderten Marktzinssatzes nicht ziel führend.)

Aufgabe 2.2.6

a) $$BW^n = R \cdot \frac{q^T - 1}{q - 1} \cdot q^{-T}$$

$$R = BW^n \cdot \frac{q - 1}{q^T - 1} \cdot q^T$$

$$R = 16\,000 \cdot \frac{1.0099 - 1}{1.0099^9 - 1} \cdot 1.0099^9$$

$$R = 1\,866.93$$

b) Mitnahmepreis $= 0.8 \cdot 16\,000 = 12\,800$ Euro.
   Andererseits hat eine neun Jahre andauernde jährlich nachschüssige Zahlung von 1 866.93 Euro bei einem Zinsniveau von 6% den folgenden Wert:

$$BW = R \cdot \frac{q^T - 1}{q - 1} \cdot q^{-T}$$

$$= 1\,866.93 \cdot \frac{1.06^9 - 1}{0.06} = 12\,698.28$$

Hier ist somit der kreditfinanzierte Kauf vorzuziehen.

Aufgabe 2.2.7

a) $A = S_0 \cdot KWF(r, T) = S_0 \cdot \dfrac{r}{1 - q^{-T}}$

$$T = \frac{\ln\left(1 - \dfrac{S_0 \cdot r}{A}\right)}{\ln q} = \frac{\ln\left(1 - \dfrac{300\,000 \cdot 0.06}{24\,000}\right)}{\ln(1.06)} = 23.79$$

Die Restschuld nach 23 Jahren beträgt

$$RS_t = S_0 \frac{q^T - q^t}{q^T - 1} = 300\,000 \frac{1.06^{23.79} - 1.06^{23}}{1.06^{23.79} - 1} = 18\,025.03$$

Es sind 23 Jahre lang 24 000 Euro zu zahlen, die Schlusszahlung in 24 Jahren beläuft sich auf $18\,025.03 \cdot 1.06 = 19\,106.54$ Euro.

b)   Die zu Beginn anfallenden Zinsen auf die Anfangsschuld ergeben sich zu $300\,000 \cdot 0.06 = 18\,000$ Euro. Die Annuität muss dementsprechend größer als 18 000 Euro sein.

Aufgabe 2.2.8

$$S_0 = A \cdot \frac{q^T - 1}{q - 1} \cdot q^{-T} \cdot q \qquad (\cdot q \text{ weil vorschüssige Annuität})$$

$$\frac{S_0}{A \cdot q} = \frac{1 - q^{-T}}{q - 1}$$

$$\frac{S_0}{A \cdot q} \cdot (q - 1) - 1 = -q^{-T}$$

$$\ln q^{-T} = \ln\left(1 - \frac{S_0 \cdot (q - 1)}{A \cdot q}\right)$$

$$T = -\frac{\ln\left(1 - \dfrac{S_0 \cdot (q - 1)}{A \cdot q}\right)}{\ln q}$$

$$T = -\frac{\ln\left(1 - \dfrac{80\,000 \cdot (1.08 - 1)}{8000 \cdot 1.08}\right)}{\ln 1.08}$$

$$T = 17.54$$

Die Restschuld nach 17 Jahren beträgt:

$$S_0 \cdot q^{17} - A \cdot \frac{q^{17} - 1}{q - 1} \cdot q = 4\,399.39$$

Dies entspricht auch der Höhe der letzten Zahlung. Der Betrag muss nicht mehr aufgezinst werden, da es sich hier um ein vorschüssiges Annuitätendarlehen handelt.

Aufgabe 2.2.9

Wegen $T = 3$ ist $T_3 = RS_2$ (in der letzten Periode wird die gesamte verbleibende Restschuld getilgt). Da

$\sum_{t=1}^{3} A_t = 3A$ ist $A_3 = A = 1/3 \cdot \sum_{t=1}^{3} A_t = 1/3 \cdot 11\,641.02 = 3\,880.34$.

t	S_0, RS_{t-1}	Z_t	T_t	A_t	RS_t
1				3 880.34	
2				3 880.34	3 592.90
3	3 592.90		3 592.90	3 880.34	0
Σ				11 641.02	

Somit ist $Z_3 = A_3 - T_3 = 3\,880.34 - 3\,592.90 = 287.44$ und daher
$r = Z_3 / T_2 = 287.44 / 3\,592.90 = 8.00\%$.

t	S_0, RS_{t-1}	Z_t	T_t	A_t	RS_t
1				3 880.34	
2				3 880.34	3 592.90
3	3 592.90	287.44	3 592.90	3 880.34	0
Σ				11 641.02	

Es gilt
$$S_0 - (A_1 - Z_1) = S_0 - (A_1 - r \cdot S_0) = RS_1 \text{ sowie}$$

$$RS_1 - (A_2 - Z_2) = RS_1 - (A_2 - r \cdot RS_1) = RS_2, \text{ folglich}$$

$$(S_0 - (A_1 - r \cdot S_0)) - \left[A_2 - r \cdot (S_0 - (A_1 - r \cdot S_0)) \right] = RS_2$$

und schließlich

$$RS_2 = (1 + 2r + r^2) \cdot S_0 - (2 + r) \cdot A$$

$$S_0 = (RS_2 + (2 + r) \cdot A) / (1 + 2r + r^2)$$

$$= (RS_2 + 2.08 \cdot A) / 1.1664$$

$$= (3\,592.90 + 2.08 \cdot 3\,880.34) / 1.1664$$

$$= 10\,000.01$$

t	S_0, RS_{t-1}	Z_t	T_t	A_t	RS_t
1	10 000.01			3 880.34	
2				3 880.34	3 592.90
3	3 592.90	287.44	3 592.90	3 880.34	0
Σ				11 641.02	

Damit ergeben sich:

$$Z_1 = r \cdot S_0 = 0.08 \cdot 10\,000.01 = 800.00$$

$$T_1 = A_1 - Z_1 = 3\,880.34 - 800.00 = 3\,080.34$$

$$RS_1 = S_0 - T_1 = 10\,000.01 - 3\,080.34 = 6\,919.67$$

$$Z_2 = r \cdot RS_1 = 0.08 \cdot 6\,919.67 = 553.57$$

$$T_2 = A_2 - Z_2 = 3\,880.34 - 553.57 = 3\,326.77$$

$$\sum\nolimits_{t=1}^{3} T_t = 3\,080.34 + 3\,326.77 + 3\,592.90 = 10\,000.01$$

$$\sum\nolimits_{t=1}^{3} Z_t = 800.00 + 553.57 + 287.44 = 1\,641.01$$

t	S_0, RS_{t-1}	Z_t	T_t	A_t	RS_t
1	10 000.01	800.00	3 080.34	3 880.34	6 919.67
2	6 919.67	553.57	3 326.77	3 880.34	3 592.90
3	3 592.90	287.44	3 592.90	3 880.34	0
Σ		1 641.01	10 000.01	11 641.02	

(Zahlreiche andere Lösungswege sind denkbar.)

Aufgabe 2.2.10

a) Rentenendwert

$$= R \cdot q^{\frac{1}{12}} \cdot \frac{q^{\frac{36}{12}} - 1}{q^{\frac{1}{12}} - 1} = 500 \cdot 1.05^{\frac{1}{12}} \cdot \frac{1.05^3 - 1}{1.05^{\frac{1}{12}} - 1} = 19\,423.46$$

b) Die für die Tilgung relevante Anfangsschuld S_0 ergibt sich zu $20\,000 \cdot 1.06^3 = 23\,820.32$.

Für die notwendigen Annuitäten folgt:

$$S_0 = A \cdot q^{-(T-1)} \cdot \frac{q^T - 1}{q - 1}$$

$$A = \frac{23\,820.32}{1.06^{-4}} \cdot \frac{0.06}{1.06^5 - 1} = 5334.77$$

c) Benötigte Jahre bis zur vollständigen Tilgung:

$$S_0 = A \cdot q^{-T} \cdot \frac{q^T - 1}{q - 1} = A \cdot \frac{1 - q^{-T}}{q - 1}$$

$$\frac{S_0}{A} \cdot (q - 1) = 1 - q^{-T}$$

$$-T \cdot \ln q = \ln\left[1 - \frac{S_0}{A} \cdot (q - 1) \right]$$

$$-T \cdot \ln q = \ln\left[\frac{A - S_0 \cdot r}{A} \right]$$

$$T = \frac{\ln A - \ln(A - S_0 \cdot r)}{\ln q}$$

$$T = \frac{\ln 4\,000 - \ln(4\,000 - 20\,000 \cdot 0.06)}{\ln 1.06} = 6.12$$

Die Restschuld nach 6 Jahren beläuft sich auf:

$$RS_6 = S_0 \cdot q^6 - A \cdot \frac{q^6 - 1}{q - 1}$$

$$= 20\,000 \cdot 1.06^6 - 4\,000 \cdot \frac{1.06^6 - 1}{1.06 - 1} = 469.11$$

Die Restzahlung nach 7 Jahren beträgt somit:

$$A_7 = RS_6 \cdot q$$

$$= 469.11 \cdot 1.06$$

$$= 497.25$$

Nach sieben Jahren ist das Darlehen getilgt, nach sechs Annuitäten in Höhe von 4 000 Euro liegt die Schlusszahlung bei 497.25 Euro.

Aufgabe 2.2.11

Zu unterscheiden ist der auf dem Schild angegebene Preis (im Grunde eine fiktive Angabe) und der tatsächliche Barwert des Autos.

Die jährlich vorschüssig notwendigen Raten zur Begleichung des Kredits ergeben sich über

$$\text{Preis}_{\text{Schild}} = R \cdot \frac{q_{\text{Darlehen}}^{T} - 1}{q_{\text{Darlehen}} - 1} \cdot q_{\text{Darlehen}}^{-T+1} = R \cdot \frac{1 - q_{\text{Darlehen}}^{-T}}{r_{\text{Darlehen}}} \cdot q_{\text{Darlehen}} \quad \text{zu}$$

$$R = \frac{\text{Preis}_{\text{Schild}} \cdot r_{\text{Darlehen}}}{q_{\text{Darlehen}} \cdot (1 - q_{\text{Darlehen}}^{-T})}.$$

Der Barwert dieser Raten ergibt sich unter Berücksichtigung des Marktzinsniveaus zu

$$\text{Barwert} = R \cdot \frac{q_{\text{Markt}}^{T} - 1}{q_{\text{Markt}} - 1} \cdot q_{\text{Markt}}^{-T+1} = R \cdot \frac{1 - q_{\text{Markt}}^{-T}}{r_{\text{Markt}}} \cdot q_{\text{Markt}}$$

$$= \frac{\text{Preis}_{\text{Schild}} \cdot r_{\text{Darlehen}}}{q_{\text{Darlehen}} \cdot (1 - q_{\text{Darlehen}}^{-T})} \cdot \frac{1 - q_{\text{Markt}}^{-T}}{r_{\text{Markt}}} \cdot q_{\text{Markt}}$$

$$= \text{Preis}_{\text{Schild}} \cdot \frac{r_{\text{Darlehen}}}{r_{\text{Markt}}} \cdot \frac{q_{\text{Markt}}}{q_{\text{Darlehen}}} \cdot \frac{1 - q_{\text{Markt}}^{-T}}{1 - q_{\text{Darlehen}}^{-T}}$$

Der Rabatt auf den auf dem Schild ausgewiesenen Preis beträgt

$$\text{Rabatt} = \frac{\text{Preis}_{\text{Schild}} - \text{Barwert}}{\text{Preis}_{\text{Schild}}}$$

$$= 1 - \frac{\text{Barwert}}{\text{Preis}_{\text{Schild}}}$$

$$= 1 - \frac{\text{Preis}_{\text{Schild}} \cdot \dfrac{r_{\text{Darlehen}}}{r_{\text{Markt}}} \cdot \dfrac{q_{\text{Markt}}}{q_{\text{Darlehen}}} \cdot \dfrac{1 - q_{\text{Markt}}^{-T}}{1 - q_{\text{Darlehen}}^{-T}}}{\text{Preis}_{\text{Schild}}}$$

$$= 1 - \frac{r_{\text{Darlehen}}}{r_{\text{Markt}}} \cdot \frac{q_{\text{Markt}}}{q_{\text{Darlehen}}} \cdot \frac{1 - q_{\text{Markt}}^{-T}}{1 - q_{\text{Darlehen}}^{-T}}$$

$$= 1 - \frac{0.02}{0.05} \cdot \frac{1.05}{1.02} \cdot \frac{1 - 1.05^{-10}}{1 - 1.02^{-10}}$$

$$= 11.51\%$$

Aufgabe 2.2.12

Benötigtes Kapital in t = 10 (Barwert ewige nachschüssige Rente):

$$K_{10} = \frac{1\,000}{0.05 - 0.03} = 50\,000$$

Benötigtes Kapital in t = 0:

$$K_0 = K_{10} \cdot 1.05^{-10} = 30\,695.66$$

Aufgabe 2.2.13

a) $50 \cdot c^{1/12} = 50.10$

$\qquad c = 1.024265768$.

b) Insgesamt werden 360 Sparraten geleistet, die anfängliche Sparrate von 50 Euro wächst somit 359 mal und die letzte Rate hat folglich eine Höhe von $50 \cdot c^{359/12} = 102.44$ Euro.

c) $R \cdot \dfrac{q^{T/m} - c^{T/m}}{q^{1/m} - c^{1/m}} = 50 \cdot \dfrac{1.07^{360/12} - 1.024265768^{360/12}}{1.07^{1/12} - 1.024265768^{1/12}} = 76\,068.38$.

d) $76\,068.38 = R \cdot \dfrac{1.07^{240/12} - 1}{q^{1/12} - 1} \cdot 1.07^{-239/12}$

$\qquad R = 576.72$

4.3   Lösungsskizzen zu Kapitel 3

4.3.1 Lösungsskizzen zu Abschnitt 3.1

Aufgabe 3.1.1

a) $P_0(0.1) = N \cdot q^{-(T-t)} = 800 \cdot 1.1^{-(10-3)} = 800 \cdot 1.1^{-7} = 410.53$

b) $P_0(0.1) = Z_1 \cdot q^{-1} + Z_2 \cdot q^{-2} + Z_3 \cdot q^{-3} + N \cdot q^{-3}$

$\qquad = 9000 \cdot 1.1^{-1} + 10\,000 \cdot 1.1^{-2} + 11\,000 \cdot 1.1^{-3} + 100\,000 \cdot q^{-3}$

$\qquad = 99\,842.22$

c) $P_0(0.1) = \dfrac{D}{0.1} = \dfrac{25}{0.1} = 250$

d) $P_0(0.1) = D \cdot RBF(0.1, 9) = D \cdot \dfrac{q^T - 1}{q^T \cdot (q - 1)} = 10 \cdot \dfrac{1.1^9 - 1}{1.1^9 \cdot (1.1 - 1)}$

$= 10 \cdot 5.759 = 57.59$

e) $P_0(0.1) = \dfrac{D_1}{r - g} = \dfrac{20}{0.1 - 0.06} = \dfrac{20}{0.04} = 500$

Aufgabe 3.1.2

a) Fairer Wert Titel A:

$P_0^A(0.05) = r \cdot N \cdot q^{-1} + r \cdot N \cdot q^{-2} + r \cdot N \cdot q^{-3} + N \cdot q^{-3}$

$= 0.09 \cdot 45 \cdot 1.05^{-1} + 0.09 \cdot 45 \cdot 1.05^{-2} + (1 + 0.09) \cdot 45 \cdot 1.05^{-3}$

$= 49.90$

Fairer Wert Titel B:

$P_0^B(0.05) = Z \cdot q^{-3} = 58 \cdot 1.05^{-3} = 50.10$

Fairer Wert Titel C:

$P_0^C(0.05) = D_1 \cdot q^{-1} + (1 + g) \cdot D_1 \cdot q^{-2} + (1 + g)^2 \cdot D_1 \cdot q^{-3} + Z \cdot q^{-3}$

$= 2.5 \cdot 1.05^{-1} + 1.02 \cdot 2.5 \cdot 1.05^{-2} + 1.02^2 \cdot 2.5 \cdot 1.05^{-3} + 50 \cdot 1.05^{-3}$

$= 50.13$

Da der Marktpreis identisch ist, sollte Ernst den Titel C wählen, da dieser den höchsten fairen Wert aufweist.

b) Fairer Wert Titel A bei aufsteigenden Zinssätzen:

$P_{0,\,auf}^A = i \cdot N \cdot \displaystyle\prod_{t=1}^{1}(1 + f_t)^{-1} + i \cdot N \cdot \prod_{t=1}^{2}(1 + f_t)^{-1} + (1 + i) \cdot N \cdot \prod_{t=1}^{3}(1 + f_t)^{-1}$

$= 0.09 \cdot 45 \cdot 1.01^{-1} + 0.09 \cdot 45 \cdot 1.01^{-1} \cdot 1.05^{-1}$

$+ (1 + 0.09) \cdot 45 \cdot 1.01^{-1} \cdot 1.05^{-1} \cdot 1.09^{-1}$

$= 50.26$

Fairer Wert Titel B bei aufsteigenden Zinssätzen:

$$P_{0,\,auf}^{B} = Z \cdot \prod_{t=1}^{3}(1+f_t)^{-1}$$

$$= 58 \cdot 1.01^{-1} \cdot 1.05^{-1} \cdot 1.09^{-1}$$

$$= 50.18$$

Fairer Wert Titel C bei aufsteigenden Zinssätzen:

$$P_{0,\,auf}^{C} = D_1 \cdot \prod_{t=1}^{1}(1+f_t)^{-1} + ((1+f_t)) \cdot D_1 \cdot \prod_{t=1}^{2}(1+f_t)^{-1}$$

$$+ (1+g)^2 \cdot D_1 \cdot \prod_{t=1}^{3}(1+f_t)^{-1} + Z \cdot \prod_{t=1}^{3}(1+f_t)^{-1}$$

$$= 2.5 \cdot 1.01^{-1} + 1.02 \cdot 2.5 \cdot 1.01^{-1} \cdot 1.05^{-1}$$

$$+ 1.02^2 \cdot 2.5 \cdot 1.01^{-1} \cdot 1.05^{-1} \cdot 1.09^{-1} + 50 \cdot 1.01^{-1} \cdot 1.05^{-1} \cdot 1.09^{-1}$$

$$= 50.38$$

Auch bei aufsteigenden Zinssätzen ist Finanztitel C zu wählen.

c) Fairer Wert Titel A bei absteigenden Zinssätzen:

$$P_{0,\,ab}^{A} = i \cdot N \cdot \prod_{t=1}^{1}(1+f_t^{neu})^{-1} + i \cdot N \cdot \prod_{t=1}^{2}(1+f_t^{neu})^{-1} + (1+i) \cdot N \cdot \prod_{t=1}^{3}(1+f_t^{neu})^{-1}$$

$$= 0.09 \cdot 45 \cdot 1.09^{-1} + 0.09 \cdot 45 \cdot 1.09^{-1} \cdot 1.05^{-1}$$

$$+ (1+0.09) \cdot 45 \cdot 1.09^{-1} \cdot 1.05^{-1} \cdot 1.01^{-1}$$

$$= 49.69$$

Fairer Wert Titel B bei absteigenden Zinssätzen (bleibt unverändert):

$$P_{0,\,ab}^{B} = Z \cdot \prod_{t=1}^{3}(1+f_t^{neu})^{-1}$$

$$= 58 \cdot 1.09^{-1} \cdot 1.05^{-1} \cdot 1.01^{-1}$$

$$= 50.18$$

Fairer Wert Titel C bei absteigenden Zinssätzen:

$$P_{0,\,ab}^{C} = D_1 \cdot \prod_{t=1}^{1}(1+f_t^{neu})^{-1} + (1+g) \cdot D_1 \cdot \prod_{t=1}^{2}(1+f_t^{neu})^{-1}$$

$$+ (1+g)^2 \cdot D_1 \cdot \prod_{t=1}^{3}(1+f_t^{neu})^{-1} + Z \cdot \prod_{t=1}^{3}(1+f_t^{neu})^{-1}$$

$$= 2.5 \cdot 1.09^{-1} + 1.02 \cdot 2.5 \cdot 1.09^{-1} \cdot 1.05^{-1}$$

$$+ 1.02^2 \cdot 2.5 \cdot 1.09^{-1} \cdot 1.05^{-1} \cdot 1.01^{-1} + 50 \cdot 1.09^{-1} \cdot 1.05^{-1} \cdot 1.01^{-1}$$

$$= 50.03$$

Bei absteigenden Zinssätzen ist Titel B vorteilhaft.

Aufgabe 3.1.3

a) Einzelne Phasen:

Zahlungsreihe im ersten Abschnitt beginnend mit t = 1:

$$Z^1_{t_0=1} = \{0,\ 2.5,\ 2.5\cdot1.02^1,\ 2.5\cdot1.02^2,\ 2.5\cdot1.02^3,\ ...,\ 2.5\cdot1.02^{10},\ 0,\ 0,\ ...\}$$

$$= \{0,\ 2.5,\ 2.5\cdot1.02^1,\ 2.5\cdot1.02^2,\ 2.5\cdot1.02^3,\ ...\}$$

$$- \{0,\ 0,\ 0,\ 0,\ 0,\ 0,\ 0,\ 0,\ 0,\ 0,\ 0,\ 0,$$
$$2.5\cdot1.02^{11},\ 2.5\cdot1.02^{12},\ 2.5\cdot1.02^{13},\ 2.5\cdot1.02^{14},\ ...\}$$

Wert der Zahlungen des ersten Abschnitts in t = 1:

$$v^1_{t=1} = \frac{2.50}{0.05-0.02} - 1.05^{-11}\cdot\frac{2.50\cdot1.02^{11}}{0.05-0.02}$$

$$= 2.50\cdot\frac{1.05^{11}-1.02^{11}}{1.05-1.02}\cdot1.05^{-11}\quad\text{(über Rentenformel)}$$

Zahlungsreihe im zweiten Abschnitt beginnend mit t = 12:

$$Z^2_{t_0=12} = \{0,\ 2.5\cdot1.02^{10},\ 2.5\cdot1.02^{10},\ 2.5\cdot1.02^{10},\ 2.5\cdot1.02^{10},$$
$$2.5\cdot1.02^{10},\ 2.5\cdot1.02^{10},\ 2.5\cdot1.02^{10},\ 0,\ 0,\ ...\}$$

$$= \{0,\ 2.5\cdot1.02^{10},\ 2.5\cdot1.02^{10},\ 2.5\cdot1.02^{10},\ 2.5\cdot1.02^{10},\ ...\}$$

$$- \{0,\ 0,\ 0,\ 0,\ 0,\ 0,\ 0,\ 0,\ 2.5\cdot1.02^{10},$$
$$2.5\cdot1.02^{10},\ 2.5\cdot1.02^{10},\ 2.5\cdot1.02^{10},\ ...\}$$

Wert der Zahlungen des zweiten Abschnitts in t = 12:

$$v^2_{t=12} = \frac{2.50\cdot1.02^{10}}{0.05} - 1.05^{-7}\cdot\frac{2.50\cdot1.02^{10}}{0.05}$$

$$= 2.50\cdot1.02^{10}\cdot\frac{1.05^7-1}{1.05-1}\cdot1.05^{-7}\quad\text{(über Rentenformel)}$$

Zahlungsreihe im dritten Abschnitt beginnend mit t = 19:
$$Z^3_{t_0=19}\quad = (0,\ 0,\ 0,\ 0)$$

Wert der Zahlungen des zweiten Abschnitts in t = 19:

$$v^3_{t=19} = 0$$

Zahlungsreihe im vierten Abschnitt beginnend mit t = 23:

$$Z^2_{t_0=12} = \{0,\ 2.5\cdot1.02^{10},\ 2.5\cdot1.02^{10}\cdot1.04^1,\ 2.5\cdot1.02^{10}\cdot1.04^2,\ 2.5\cdot1.02^{10}\cdot1.04^3,\ ...\}$$

Wert der Zahlungen des dritten Abschnitts in $t = 23$:

$$v_{t=23}^4 = \frac{2.50 \cdot 1.02^{10}}{0.05 - 0.04}$$

Wert der Aktie:

$$v_0 = 1.05^{-1} \cdot v_{t=1}^1 + 1.05^{-12} \cdot v_{t=12}^2 + 1.05^{-19} \cdot v_{t=19}^3 + 1.05^{-23} \cdot v_{t=23}^4$$

$$= 1.05^{-1} \cdot \left(2.50 \cdot \frac{1.05^{11} - 1.02^{11}}{1.05 - 1.02} \cdot 1.05^{-11} \right)$$

$$+ 1.05^{-12} \cdot \left(2.50 \cdot 1.02^{10} \cdot \frac{1.05^7 - 1}{1.05 - 1} \cdot 1.05^{-7} \right)$$

$$+ 1.05^{-19} \cdot 0 + 1.05^{-23} \cdot \frac{2.50 \cdot 1.02^{10}}{0.05 - 0.04}$$

$$= 21.67 + 9.82 + 0 + 99.22 = 130.71$$

Die Aktie ist damit unterbewertet.

b) Neuer Wert:

$$v_0^{neu} = v_0 - 1.05^{-99} \cdot \frac{2.50 \cdot 1.02^{10} \cdot 1.04^{76}}{0.05 - 0.04}$$

$$= 82.76$$

Geht die Welt nach hundert Jahren unter, so ist die Aktie überbewertet.

Aufgabe 3.1.4

a) Sensibil AG:

$$v_S = \frac{D}{r} \cdot 1.05^{300/360} = \frac{3}{0.05} \cdot 1.05^{5/6} = 62.49 \quad \text{(Wert am 01.07.2005)}$$

(D/r ergibt den Wert am 01.09.2004.)

Firm AG:

$$v_F = \frac{D}{r - g} \cdot 1.05^{-1\frac{240}{360}} = \frac{2}{0.05 - 0.02} \cdot 1.05^{-1\frac{2}{3}} = 61.46 \quad \text{(Wert am 01.07.2005)}$$

($D/(r - g)$ ergibt den Wert am 01.03.2007.)

Der Erwerb beider Aktien ist unter den von Daniel getroffenen Annahmen vorteilhaft, da der faire Wert über dem Kurs liegt, zu dem die

Aktien derzeit gehandelt werden. Da beide Aktien zum selben Wert gehandelt werden, ist auch eine Wahlentscheidung möglich: Daniel sollte die Aktie der Sensibil AG erwerben, da deren fairer Wert höher liegt als der der Firm AG.

b) Neue Dividendenzahlungsreihe der Sensibil AG bei $t_0 = 01.09.2004$:
$$Z_S = \{0,\ 3,\ 3 \cdot 0.9,\ 3,\ 3 \cdot 1.1,\ 3,\ 3 \cdot 0.9,\ 3,\ 3 \cdot 1.1,\ 3,\ \ldots\}$$

Barwert der Dividenden eines Zeitraumes von vier Jahren:
$$K_0^S = 3 \cdot 1.05^{-1} + 3 \cdot 0.9 \cdot 1.05^{-2} + 3 \cdot 1.05^{-3} + 3 \cdot 1.1 \cdot 1.05^{-4}$$

$$= 10.6125534$$

Dies entspricht einer gleich hohen Dividende von:

$$D_S^{neu} = K \cdot KWF(r,T) = K \cdot \frac{q^T \cdot (q-1)}{q^T - 1}$$

$$= 10.6125534 \cdot \frac{1.05^4 \cdot (1.05-1)}{1.05^4 - 1} = 2.99286564$$

Der faire Wert der Aktie beträgt somit:

$$v_S^{neu} = \frac{D}{r} \cdot 1.05^{300/360} = \frac{2.99286564}{0.05} \cdot 1.05^{5/6} = 62.34$$

Zahlungsreihe der zusätzlichen Dividenden der Firm AG bei $t_0 = 01.03.2007$:
$$\Delta Z_F = \{0,\ 0.2,\ 0,\ 0,\ 0,\ 0.2,\ 0,\ 0,\ 0,\ 0.2,\ \ldots\}$$

Zusätzlicher Barwert der Dividenden eines Zeitraumes von vier Jahren:
$$\Delta K_0^F = 0.2 \cdot 1.05^{-1} = 0.19047619$$

Dies entspricht einer gleich hohen zusätzlichen Dividende von:

$$\Delta D_F^{neu} = K \cdot KWF(r,T) = K \cdot \frac{q^T \cdot (q-1)}{q^T - 1}$$

$$= 0.19047619 \cdot \frac{1.05^4 \cdot (1.05-1)}{1.05^4 - 1} = 0.053716539$$

Der faire Wert der Aktie beträgt somit:

$$v_F^{neu} = v_F + \frac{\Delta D}{r} \cdot 1.05^{-1\frac{240}{360}}$$

$$= \frac{2}{0.05 - 0.02} \cdot 1.05^{-1\frac{2}{3}} + \frac{0.053716539}{0.05} \cdot 1.05^{-1\frac{2}{3}} = 62.45$$

Der Kauf beider Wertpapiere ist wiederum vorteilhaft, Daniel sollte sich jedoch nun für die Aktie der Firm AG entscheiden, da deren fairer Wert den der Sensibil AG übersteigt.

4.3.2 Lösungsskizzen zu Abschnitt 3.2

Aufgabe 3.2.1

a) Arithmetisch annualisierte Rendite:

$$r_A = \frac{1}{T} \cdot \sum_{t=1}^{T} r_t = \frac{1}{13} \cdot (2 \cdot 0.115 + 0.09 + 0.15 + 0.176 + 0.13 + 3 \cdot 0.142 + 2 \cdot 0.1 + 2 \cdot 0.16)$$

$$= \frac{1}{13} \cdot 1.722 = 13.25\%$$

Geometrisch annualisierte Rendite:

$$r_G = \sqrt[T]{\prod_{t=1}^{T}(1 + r_t)} - 1 = \sqrt[13]{1.115^2 \cdot 1.09 \cdot 1.15 \cdot 1.176 \cdot 1.13 \cdot 1.142^3 \cdot 1.1^2 \cdot 1.16^2} - 1$$

$$= \sqrt[13]{5.0218} - 1 = 13.22\%$$

Allgemein gilt $r_A \geq r_G$, d.h. die Berechnung der Durchschnittsrendite über das arithmetische Mittel liefert systematisch höhere Ergebnisse als die korrekte Berechnung über das geometrische Mittel. Das Gleichheitszeichen $r_A = r_G$ gilt nur im Fall identischer Periodenrenditen $r_1 = \ldots = r_T = r$.

b) Die Reihenfolge ist weder bei der arithmetisch noch bei der geometrisch annualisierten Rendite von Belang, die Ergebnisse aus a) bleiben daher unverändert.

Aufgabe 3.2.2

$$P_0(0.05) = Z \cdot RBF(0.05, 5) + N \cdot 1.05^{-5}$$

$$109.74 = 100 \cdot i \cdot \frac{1.05^5 - 1}{1.05 - 1} \cdot 1.05^{-5} + 100 \cdot 1.05^{-5}$$

$$i = 7.25\%$$

Aufgabe 3.2.3

$$P_0(0.05) < 1.07^{-0.7} \cdot \left[25 \cdot RBF(0.07, 8) + N \cdot 1.07^{-8} \right]$$

$$759.14 < 1.07^{-0.7} \cdot \left[25 \cdot \frac{1.07^8 - 1}{1.07 - 1} \cdot 1.07^{-8} + N \cdot 1.07^{-8} \right]$$

$$N > 1111.11$$

Aufgabe 3.2.4

a) $r = \dfrac{v_1}{v_0} - 1 = \dfrac{1\,000\,000 + 45\,000}{990\,000 + 10\,000} - 1 = 4.5\%$

Da $r < 5\%$ ist das Investment unvorteilhaft.

b) $r = \dfrac{K_1 + D}{K_0} - 1 = \dfrac{104 + 0.01 \cdot 104}{100} - 1 = \dfrac{105.04}{100} - 1 = 5.04\%$

Da $r > 5\%$ ist das Investment vorteilhaft.

c) $r = \sqrt[T]{v_T / v_0} - 1 = \sqrt[5]{160/120} - 1 = 5.92\%$

Da $r > 5\%$ ist das Investment vorteilhaft.

d) $0 = -100\,000 \cdot q^2 + 55\,000 \cdot q + 54\,000$

$$q_{1,2} = \frac{-b \pm \sqrt{b^2 - 4ac}}{2a} = \frac{-55\,000 \pm \sqrt{55\,000^2 + 4 \cdot 100\,000 \cdot 54\,000}}{2 \cdot (-100\,000)}$$

$$= \frac{-55\,000 \pm 156\,923.55}{-200\,000} = \begin{cases} \dfrac{101\,923.55}{-200\,000} = -0.5096 \\[3mm] \dfrac{-211\,923.55}{-200\,000} = 1.0596 \end{cases}$$

$$\Rightarrow \begin{cases} r_1 = q_1 - 1 = -0.5096 - 1 = -1.5096 \\[2mm] r_2 = q_2 - 1 = 1.0596 - 1 = 0.0596 = 5.96\% \end{cases}$$

Die einzige sinnvolle Lösung 5.96% ist höher als der Marktzinssatz, damit ist das Investment vorteilhaft.

Aufgabe 3.2.5

a) Der effektive Jahreszinssatz ist von der Kreditlaufzeit unabhängig und beträgt

$$r_A = \left(1 + \frac{u}{m}\right)^m - 1 = \left(1 + \frac{0.09}{12}\right)^{12} - 1 = 1.0075^{12} - 1 = 9.38\%$$

b) Zahlungsreihe:

$$Z_B = \{100\,000, -10\,000, -108\,800\}$$

Effektiver Jahreszinssatz:

$$0 = -100\,000 \cdot q_B^2 + 10\,000 \cdot q_B + 108\,800$$

$$q_{B_{1,2}} = \frac{-b \pm \sqrt{b^2 - 4ac}}{2a} = \frac{-10\,000 \pm \sqrt{10\,000^2 + 4 \cdot 100\,000 \cdot 108\,800}}{2 \cdot (-100\,000)}$$

$$= \frac{-10\,000 \pm 208\,854.02}{-200\,000} = \begin{cases} \dfrac{198\,854.02}{-200\,000} = -0.9943 \\[2mm] \dfrac{-218\,854.02}{-200\,000} = 1.0943 \end{cases}$$

$$\Rightarrow \begin{cases} r_{B_1} = q_1 - 1 = -0.9943 - 1 = -1.9943 \\[2mm] r_{B_2} = q_2 - 1 = 1.0943 - 1 = 0.0943 = 9.43\% \end{cases}$$

Die einzige sinnvolle Lösung ist $r_B = 9.43\%$.
Wegen $r_A < r_B$ ist das Angebot der A-Bank dem der B-Bank vorzuziehen.

c) Effektiver Jahreszinssatz: $r = \sqrt{1.1 \cdot 1.088} - 1 = 9.40\%$

d) Da sowohl in $t = 1$ als auch in $t = 2$ Zinszahlungen anfallen, ist die Reihenfolge der Zinssätze relevant.

Zahlungsreihe:
$$Z_B = \{100\,000, -8\,800, -110\,000\}$$

Effektiver Jahreszinssatz:

$$0 = -100\,000 \cdot q_D{}^2 + 8\,800 \cdot q_D + 110\,000$$

$$q_{D_{1,2}} = \frac{-b \pm \sqrt{b^2 - 4ac}}{2a} = \frac{-8\,800 \pm \sqrt{8\,800^2 + 4 \cdot 100\,000 \cdot 110\,000}}{2 \cdot (-100\,000)}$$

$$= \frac{-8\,800 \pm 209\,946.28}{-200\,000} = \begin{cases} \dfrac{201\,146.28}{-200\,000} = -1.0057 \\[2ex] \dfrac{-218\,746.28}{-200\,000} = 1.0937 \end{cases}$$

$$\Rightarrow \begin{cases} r_{D_1} = q_1 - 1 = -1.0057 - 1 = -2.0057 \\[1ex] r_{D_2} = q_2 - 1 = 1.0937 - 1 = 0.0937 = 9.37\% \end{cases}$$

Die einzige sinnvolle Lösung ist $r_D = 9.37\%$.
Wegen $r_D < r_A < r_B$ ist das Angebot der D-Bank den Angeboten der A- und B-Bank vorzuziehen.

Aufgabe 3.2.6

a) Die Aufgabenstellung verrät keine Details über den Kredit. Diese sind allerdings auch irrelevant, wegen der Zinskapitalisierung ist lediglich der Effektivzinssatz wichtig. Würde Hannes nach einem Jahr 100 Euro (Tilgung) plus 20 Euro (Zinsen und ggf. Zinseszinsen) zurückzahlen, so entspräche dies einem Effektivzinssatz von 20%. Durch das verbesserte Angebot verringert sich der Rückzahlungsbetrag um 10 Euro und damit der effektive Jahreszins um 10% auf 10%.

Formal: Gesucht ist $r_{niedrig}$, wobei $r_{hoch} = 0.2 = 20\%$ und

$$abschlag = \frac{100 - 90}{100} = 0.1 = 10\%$$

$$100 \cdot (1 + r_{hoch}) - 100 \cdot abschlag = 100 \cdot (1 + r_{niedrig})$$

$$(1 + r_{hoch}) - abschlag = (1 + r_{niedrig})$$

$$r_{niedrig} = (1 + r_{hoch}) - abschlag - 1$$

$$r_{niedrig} = r_{hoch} - abschlag$$

$$r_{niedrig} = 0.2 - 0.1$$

$$r_{niedrig} = 0.1 = 10\%$$

b) Ausführlich:

$$100 \cdot (1 + r_{hoch}) \cdot (1 + r_{hoch}) - 100 \cdot abschlag = 100 \cdot (1 + r_{neu}^b) \cdot (1 + r_{neu}^b)$$

$$(1 + r_{hoch}) \cdot (1 + r_{hoch}) - abschlag = (1 + r_{neu}^b) \cdot (1 + r_{neu}^b)$$

$$(1 + r_{neu}^b)^2 = (1 + r_{hoch})^2 - abschlag$$

$$r_{neu}^b = \sqrt{(1 + r_{hoch})^2 - abschlag} - 1$$

$$r_{neu}^b = \sqrt{(1 + 0.2)^2 - 0.2} - 1 = 11.3552873\%$$

c) $r_{neu}^c = \sqrt[2]{(1 + 0.2)^2 - 0.21} - 1 = 10.9053651\%$

d) Ausführlich:

$$100 \cdot (1 + r_{hoch}) \cdot (1 + r_{hoch}) - 100 \cdot abschlag = 100 \cdot (1 + r_{niedrig}) \cdot (1 + r_{niedrig})$$

$$(1 + r_{hoch}) \cdot (1 + r_{hoch}) - abschlag = (1 + r_{niedrig}) \cdot (1 + r_{niedrig})$$

$$abschlag = (1 + r_{hoch})^2 - (1 + r_{niedrig})^2$$

$$abschlag = 1.2^2 - 1.1^2$$

$$abschlag = 0.23 = 23\%$$

Hinweis: $(1 + r_{neu}^c)^2 = 1.23$ Interessant!

Aufgabe 3.2.7

a) Zahlungsreihe:
   $$Z = \{-30\,000,\ 17\,500,\ 17\,500\}$$

Interner Zinsfuß:
   $$0 = -30\,000 \cdot q^2 + 17\,500 \cdot q + 17\,500$$

$$q_{1,2} = \frac{-b \pm \sqrt{b^2 - 4ac}}{2a} = \frac{-17\,500 \pm \sqrt{17\,500^2 + 4 \cdot 30\,000 \cdot 17\,500}}{2 \cdot (-30\,000)}$$

$$= \frac{-17\,500 \pm 49\,053.54}{-60\,000} = \begin{cases} \dfrac{31\,553.54}{-60\,000} = -0.5259 \\[2mm] \dfrac{-66\,553.54}{-60\,000} = 1.1092 \end{cases}$$

$$\Rightarrow \begin{cases} r_1 = q_1 - 1 = -0.5259 - 1 = -1.5259 \\ r_2 = q_2 - 1 = 1.1092 - 1 = 0.1092 = 10.92\% \end{cases}$$

Die einzige sinnvolle Lösung ist $r = 10.92\%$.

b) Modifizierter Interner Zinsfuß:

$$r_M = (1 + r_0) \cdot \sqrt[T]{\frac{1}{a_0} \cdot \sum_{t=1}^{T} z_t \cdot (1 + r_0)^{-t}} - 1$$

$$= 1.05 \cdot \sqrt[2]{\frac{1}{30\,000} \cdot \left[17\,500 \cdot (1 + 0.05)^{-1} + 17\,500 \cdot (1 + 0.05)^{-2}\right]} - 1$$

$$= 1.05 \cdot \sqrt{1.0847} - 1 = 0.0935 = 9.35\%$$

c) Dem internen Zinsfuß liegt die Prämisse zugrunde, dass sämtliche Wiederanlagen zum internen Zinsfuß vorgenommen werden. Diese Annahme ist jedoch nicht realitätskonform. Der modifizierte interne Zinsfuß (Baldwin-Verzinsung) löst dieses Problem, indem ein realistischer Wiederanlagezinssatz r_0 angenommen wird, zu dem die Rückflüsse angelegt werden können. Dadurch werden allerdings zusätzliche Informationen über die Höhe von r_0 benötigt. In der Retrospektive können tatsächlich realisierte Wiederanlagezinssätze zur Berechnung der Rendite verwendet werden, die Baldwin-Verzinsung ist dann ein exaktes Maß für die realisierte Rendite.

Aufgabe 3.2.8

a) $r_{eff}^{Kriemhild} = \sqrt[T]{\prod_{t=1}^{T} q_t} - 1 = \sqrt[5]{1.03 \cdot 1.035 \cdot 1.0375 \cdot 1.04 \cdot 1.045} - 1 = 3.7488\%$

b) Die Zinssätze entsprechen denen aus a), lediglich die Reihenfolge ist eine andere. Die Reihenfolge des Zinsanfalls ist hier jedoch gleichgültig. Der Wert der Angebote ist identisch.

c) $r_{eff}^{Brunhild} = \sqrt[T]{\prod_{t=1}^{T} q_t} - 1 = \sqrt[5]{1.03 \cdot 1.035 \cdot 1.0375 \cdot 1.04 \cdot 1.0475} - 1 = 3.7984\%$

d) Anzuwenden ist hier der modifizierte interne Zinsfuß. Die niedrige Wiederanlageverzinsung wird so berücksichtigt.

$$r_M = (1 + r_0) \cdot \sqrt[T]{\frac{1}{a_0} \cdot \sum_{t=1}^{T} z_t \cdot (1 + r_0)^{-t}} - 1$$

$$= (1 + r_0) \cdot \sqrt[T]{\frac{1}{a_0} \cdot \left(\left[\sum_{t=1}^{T} (a_0 \cdot r_t) \cdot (1 + r_0)^{-t}\right] + a_0 \cdot (1 + r_0)^{-T}\right)} - 1$$

$$= (1 + r_0) \cdot \sqrt[T]{\left[\sum_{t=1}^{T} r_t \cdot (1 + r_0)^{-t}\right] + (1 + r_0)^{-T}} - 1$$

$$= 1.03 \cdot \sqrt[5]{0.03 \cdot 1.03^{-1} + 0.035 \cdot 1.03^{-2} + 0.0375 \cdot 1.03^{-3} + 0.04 \cdot 1.03^{-4} + 0.0475 \cdot 1.03^{-5} + 1.03^{-5}} - 1$$

$$= 3.7223\%$$

Kriemhilds Angebot ist folglich das bessere.
(Hinweis: $z_t = a_0 \cdot r_t$ für $t = 1, \ldots, T-1$ sowie $z_T = a_0 \cdot (1 + r_T)$ wurde verwendet)

Aufgabe 3.2.9

a) $r_G = \sqrt[4]{(1 + r_1) \cdot (1 + r_2) \cdot (1 + r_3) \cdot (1 + r_4)} - 1 = \sqrt[4]{1.03 \cdot 1.035 \cdot 1.04 \cdot 1.05} - 1 = 3.87\%$

b) Möglicher Ansatz (vgl. Lösung zu Aufgabe 3.2.8 d):

$$r_M = (1 + r_0) \cdot \sqrt[T]{\left[\sum_{t=1}^{T} r_t \cdot (1 + r_0)^{-t}\right] + (1 + r_0)^{-T}} - 1$$

$$= 1.03 \cdot \sqrt[4]{0.03 \cdot 1.03^{-1} + 0.035 \cdot 1.03^{-2} + 0.04 \cdot 1.03^{-3} + 0.05 \cdot 1.03^{-4} + 1.03^{-4}} - 1$$

$$= 3.81\%$$

Alternativer Ansatz:

$K \cdot (1 + r_M)^4 = K \cdot r_1 \cdot (1 + 0.03)^3 + K \cdot r_2 \cdot (1 + 0.03)^2 + K \cdot r_3 \cdot (1 + 0.03)^1 + K \cdot r_1 + K$

Aufgabe 3.2.10

a) Internen Zinsfuß so bestimmen, dass der Investitionsbetrag auf den Endwert der Rückflüsse anwächst.

$$30\,000 \cdot (1 + r_M)^3 = 4\,000 \cdot (1 + 0.05)^2 + 4\,000 \cdot (1 + 0.05) + 28\,000$$

$$(1 + r_M)^3 = 1.2203$$

$$r_M = 6.86\%$$

(Alternativ ist die Bestimmung über $r_M = (1 + r) \cdot \sqrt[T]{\dfrac{1}{z_0} \cdot \sum_{t=1}^{T} z_t \cdot (1 + r)^{-t}} - 1$ möglich.)

b) Ausgangsgleichung wie in a).

$$\text{Endwert}_{\text{Bankanlage}} = \text{Endwert}_{\text{Kartoffelernter}}$$

$$30\,000 \cdot (1 + 0.08)^3 = 4\,000 \cdot q^2 + 4\,000 \cdot q + 28\,000$$

$$0 = 4\,000 \cdot q^2 + 4\,000 \cdot q - 9\,791.36$$

$$q_{1,2} = \frac{-b \pm \sqrt{b^2 - 4ac}}{2a} = \frac{-4\,000 \pm \sqrt{4\,000^2 - 4 \cdot 4\,000 \cdot (-9\,791.36)}}{2 \cdot 4\,000}$$

$$q_1 = 1.1425 \Rightarrow r_1 = 14.25\%$$

$$q_2 = -2.1425 \Rightarrow r_2 = -314.25\%$$

Die einzige sinnvolle Lösung ist 14.25%.

Aufgabe 3.2.11

a) Zeitgewichtete Rendite:

$$r_{ZGR} = \sqrt[T]{\prod_{t=1}^{T} \frac{v_t}{v_{t-1} + z_{t-1}}} - 1 = \sqrt[2]{\frac{120\,000}{100\,000} \cdot \frac{448\,000}{320\,000}} - 1$$

$$= \sqrt{1.2 \cdot 1.4} - 1 = 29.61\%$$

b) Kapitalgewichtete Rendite:

$$0 = 100\,000 \cdot (1 + r_{KGR})^2 + 200\,000 \cdot (1 + r_{KGR}) - 448\,000$$

$$r_{KGR_{1,2}} = \frac{-b \pm \sqrt{b^2 - 4ac}}{2a} - 1 = \frac{-200\,000 \pm \sqrt{200\,000^2 + 4 \cdot 100\,000 \cdot 448\,000}}{2 \cdot 100\,000} - 1$$

$$= \frac{-200\,000 \pm 468\,188.00}{200\,000} - 1 = \begin{cases} \dfrac{268\,188.00}{200\,000} - 1 = 34.09\% \\[3mm] \dfrac{-211\,923.55}{200\,000} - 1 = -434.09\% \end{cases}$$

Einzige sinnvolle Lösung: 34.09%

Aufgabe 3.2.12

a) Rendite im ersten Jahr:

$$(1 + r^A)^4 = (1 + r_1^A) \cdot (1 + r_2^A) \cdot (1 + r_3^A) \cdot (1 + r_4^A)$$

$$1.5^4 = (1 + r_1^A) \cdot \left(1 + \frac{1}{4} \cdot r_1^A\right) \cdot 1.25 \cdot 1.875$$

$$0 = 0.25 \cdot (r_1^A)^2 + 1.25 \cdot r_1^A - 1.16$$

$$r_{1;1,2}^A = \frac{-b \pm \sqrt{b^2 - 4ac}}{2a} = \frac{-1.25 \pm \sqrt{1.25^2 + 4 \cdot 0.25 \cdot 1.16}}{2 \cdot 0.25}$$

$$= \frac{-1.25 \pm 1.65}{0.5} = \begin{cases} 0.8 = 80\% \\ -5.8 \end{cases}$$

Die einzige sinnvolle Lösung ist $r_1^A = 80\%$.

Rendite im zweiten Jahr:

$$r_2^A = \frac{1}{4} \cdot r_1^A = 20\%.$$

b) Bertrams Rendite im vierten Jahr:

$$(1 + r^B)^4 = 1.25^3 \cdot (1 + r_4^B) \geq 1.5^4$$

$$r_4^B \geq \frac{1.5^4}{1.25^3} - 1 = 2.592 - 1 = 159.2\%$$

Übersteigt Adelberts Rendite daher um

$$\Delta r_4 = r_4^B - r_4^A = 1.592 - 0.875 = 71.7\%.$$

c) Wegen $r_3^B = r_3^A$ und $r_4^B > r_4^A$ sollte Charlotte Bertram ihr Vertrauen schenken.

d) Vermögen nach zwei Jahren bei Entscheidung für Adelbert:

$$400\,000 \cdot (1 + r_1^A) \cdot (1 + r_2^A) + 4\,780\,000 \cdot (1 + r_2^A)$$

$$= 400\,000 \cdot 1.8 \cdot 1.2 + 4\,780\,000 \cdot 1.2 = 6\,600\,000$$

Vermögen nach zwei Jahren bei Entscheidung für Bertram:

$$400\,000 \cdot (1 + r_1^B) \cdot (1 + r_2^B) + 4\,780\,000 \cdot (1 + r_2^B)$$

$$= 400\,000 \cdot 1.25^2 + 4\,780\,000 \cdot 1.25 = 6\,600\,000$$

Somit ist Dorothea zwischen beiden Möglichkeiten indifferent.

Aufgabe 3.2.13

a) Zeitgewichtete Rendite Fonds A:

$$r_{ZGR}^A = \sqrt[T]{\prod_{t=1}^{T}(1 + r_t)} - 1 \quad \left[= \sqrt[T]{\prod_{t=1}^{T}\frac{v_t}{v_{t-1} + z_{t-1}}} - 1 = \sqrt[2]{\frac{120\,000}{100\,000} \cdot \frac{448\,000}{320\,000}} - 1 \right]$$

$$= \sqrt{1.2 \cdot 1.4} - 1 = 29.61\%$$

Zeitgewichtete Rendite Fonds B:

$$r_{ZGR}^B = \sqrt[T]{\prod_{t=1}^{T}(1 + r_t)} - 1 \quad \left[= \sqrt[T]{\prod_{t=1}^{T}\frac{v_t}{v_{t-1} + z_{t-1}}} - 1 = \sqrt[2]{\frac{130\,000}{100\,000} \cdot \frac{429\,000}{330\,000}} - 1 \right]$$

$$= \sqrt{1.3 \cdot 1.3} - 1 = 30.00\%$$

b) Kapitalgewichtete Rendite Fonds A:

$$0 = 100\,000 \cdot (1 + r_{ZGR}^{B})^2 + 200\,000 \cdot (1 + r_{ZGR}^{B}) - 448\,000$$

$$r_{ZGR_{1,2}}^{B} = \frac{-b \pm \sqrt{b^2 - 4ac}}{2a} - 1 = \frac{-200\,000 \pm \sqrt{200\,000^2 + 4 \cdot 100\,000 \cdot 448\,000}}{2 \cdot 100\,000} - 1$$

$$= \frac{-200\,000 \pm 468\,188.00}{200\,000} - 1 = \begin{cases} \dfrac{268\,188.00}{200\,000} - 1 = 34.09\% \\[2ex] \dfrac{-211\,923.55}{200\,000} - 1 = -434.09\% \end{cases}$$

Kapitalgewichtete Rendite Fonds B:

$$0 = 100\,000 \cdot (1 + r_{KGR}^{B})^2 + 200\,000 \cdot (1 + r_{KGR}^{B}) - 429\,000$$

$$r_{KGR_{1,2}}^{B} = \frac{-b \pm \sqrt{b^2 - 4ac}}{2a} - 1 = \frac{-200\,000 \pm \sqrt{200\,000^2 + 4 \cdot 100\,000 \cdot 429\,000}}{2 \cdot 100\,000} - 1$$

$$= \frac{-200\,000 \pm 460\,000.00}{200\,000} - 1 = \begin{cases} \dfrac{260\,000.00}{200\,000} - 1 = 30.00\% \\[2ex] \dfrac{-660\,000.00}{200\,000} - 1 = -430.00\% \end{cases}$$

c) Die zeitgewichtete Gesamtrendite misst nur die durch das Management eines Fonds beeinflussbaren Dispositionen, da von diesem nicht beeinflussbare Timing-Effekte von externen Einlagen in den oder Entnahmen aus dem Fonds neutralisiert werden, und ist damit als Maß für die Beurteilung der Leistung des Fondsmanagers geeignet.

Die kapitalgewichtete Gesamtrendite hingegen wird durch den internen Zinsfuß gemessen und beurteilt so den Gesamterfolg aus der Sicht des Kapitalanlegers. Für Anleger Arnold ist also die kapitalgewichtete Gesamtrendite interessant.

Obwohl die Leistung von Fridolin, der für Fonds B verantwortlich ist, wegen der höheren zeitgewichteten Rendite ($r_{ZGR}^{B} > r_{ZGR}^{A}$) höher einzuschätzen ist als die des für Fonds A verantwortlichen Ferdinand, sollte sich Arnold bei Kenntnis der anfallenden Wertsteigerungen wegen der höheren kapitalgewichteten Rendite ($r_{KGR}^{A} > r_{KGR}^{B}$) für Fonds A entscheiden.

Literatur

Albrecht, P., R. Maurer (2005): Investment- und Risikomanagement, 2. Aufl., Stuttgart.

Pfeifer, A. (2006): Praktische Finanzmathematik, 4. Aufl., Frankfurt am Main.

Renger, K. (2006): Finanzmathematik mit Excel, 2. Aufl., Wiesbaden.

Tietze, J. (2006): Einführung in die Finanzmathematik, 8. Aufl., Wiesbaden.

Tietze, J. (2005): Übungsbuch zur Finanzmathematik, 4. Aufl., Wiesbaden.

Wüst, K. (2006): Finanzmathematik, Wiesbaden.

Stichwortverzeichnis